Les épices,

**utilisations et
propriétés médicinales**

Catalogage avant publication de la Bibliothèque nationale du Canada

Brooks, Morgan

   Les épices, utilisations et propriétés médicinales: des parfums pour la cuisine

   (Collection Santé naturelle)
   ISBN 2-7640-0768-X

   1. Épices. 2. Épices – Emploi en thérapeutique. 3. Cuisine (Épices). I. Titre. II. Collection: Collection Santé naturelle (Outremont, Quebec).

TX406.B76 2004   641.3'383   C2004-940249-8

LES ÉDITIONS QUEBECOR
7, chemin Bates
Outremont (Québec)
H2V 4V7
Tél.: (514) 270-1746
www.quebecoreditions.com

©2004, Les Éditions Quebecor
Bibliothèque nationale du Québec
Bibliothèque nationale du Canada

Éditeur: Jacques Simard
Coordonnatrice de la production: Dianne Rioux
Conception de la couverture: Bernard Langlois
Illustration de la couverture: Wonderfile
Révision: Jocelyne Cormier
Correction d'épreuves: Francine St-Jean
Conception graphique: Jocelyn Malette
Infographie: Claude Bergeron

Nous reconnaissons l'aide financière du gouvernement du Canada par l'entremise du Programme d'Aide au Développement de l'Industrie de l'Édition pour nos activités d'édition.

Gouvernement du Québec — Programme de crédit d'impôt pour l'édition de livres — Gestion SODEC.

Tous droits réservés. Aucune partie de ce livre ne peut être reproduite ou transmise sous aucune forme ou par quelque moyen technique ou mécanique que ce soit, par photocopie, par enregistrement ou par quelque forme d'entreposage d'information ou système de recouvrement, sans la permission écrite de l'éditeur.

Imprimé au Canada

Les épices,

utilisations et propriétés médicinales

Morgan Brooks

AVERTISSEMENT

L'auteur vous propose ces pages pour votre information et votre divertissement. L'auteur ainsi que les Éditions Quebecor déclinent toute responsabilité quant à l'utilisation des plantes, des épices, des herbes et des condiments présentés dans cet ouvrage.

SOMMAIRE

Introduction 11
Les épices 15
Les fines herbes 45
D'autres plantes aromatiques 63
Les condiments 105
D'autres arômes 121
Les mélanges 155
Index des recettes 161
Index général 163
Pour en savoir plus 171

INTRODUCTION

Pendant des siècles, les arômes ont été un moyen de se rapprocher des dieux, notamment par des rituels où l'encens et des plantes aromatiques étaient brûlés en leur honneur. Chez les Égyptiens, aromates et épices servaient à l'embaumement et de messager entre les morts et les dieux. Les épices, les plus précieuses des trésors, étaient remises en cadeau à un roi, et d'ailleurs leur usage lui était souvent réservé; elles avaient alors un caractère sacré. Dans la Bible, on apprend que la reine de Saba fit présent au roi Salomon d'une importante quantité d'épices.

Les Phéniciens, intrépides marins, bâtirent leur empire en faisant le commerce des épices, et ce, plus de 3 000 ans avant notre ère. Au XIVe siècle av. J.-C., le terme «marchandises phéniciennes» désignait avant tout les épices et les aromates.

Chez les Égyptiens et les Romains, le poivre et le safran remportent la palme. Ainsi, à Rome, le safran est répandu en grande quantité dans les rues pour célébrer l'entrée de Néron dans la ville.

Au Moyen Âge, le commerce des épices passe peu à peu entre les mains des Vénitiens, des Génois, des Pisans qui en font le commerce jusque dans le nord de l'Europe: de la France à l'Allemagne. Les épices peuvent alors servir de monnaie d'échange.

Puis, comme chacun le sait, c'est la recherche d'une route plus directe vers l'Orient et son monde d'épices qui mena Christophe Colomb à traverser l'Atlantique et à découvrir, au passage, un nouveau continent, un Nouveau Monde.

Épices, aromates, fines herbes

Les épices sont issues de plusieurs espèces et de diverses parties de plantes : on trouve ainsi des racines (rhizomes), des écorces, des feuilles, des bourgeons, des baies, des noix et des graines qui deviennent des épices ou des aromates.

Qu'est-ce qui différencie une épice d'un aromate ? La réponse est arbitraire et la distinction, imprécise. Par exemple, certains auteurs classent des plantes d'origine exotique comme le persil ou l'aneth dans les aromates, et l'origan comme une épice. Bref, tout cela n'est pas clair. En fait, certains divisent les catégories en disant que l'épice relève de la saveur et l'aromate, de l'odeur.

L'histoire des épices et aromates se confond avec celle des traditions médicinales ; en effet, on les a souvent dotés de vertus et de propriétés plus thérapeutiques que culinaires. Toutefois, c'est avec les explorations d'Alexandre le Grand, puis des croisés, de Marco Polo, de Christophe Colomb et enfin des conquistadors que la valeur marchande des épices se révèle. De fait, à la suite des explorations, de véritables empires coloniaux naissent de la quête des épices. Les Hollandais, les Portugais, les Anglais et les Français se livrent une lutte sans merci pour le contrôle des épices.

À l'origine, la plupart des épices viennent de régions tropicales et subtropicales de l'Orient, de l'Asie et parfois de l'Afrique et de l'Amérique, l'Europe du Sud étant plutôt la terre de prédilection des fines herbes.

Parmi les premières épices appréciées des Européens de l'Antiquité, mentionnons la cannelle, la cardamome, le clou de girofle, la noix de muscade, le gingembre, le poivre, la graine de sésame.

De l'Afrique viennent le safran, le cumin, l'anis, la maniguette. Puis, le Nouveau Monde nous apporte d'autres parfums et saveurs, ceux des piments entre autres.

Au fil des ans et, surtout, depuis 200 ans environ, la géographie des épices s'est modifiée. De nos jours, plus besoin d'aller en Indonésie pour trouver du poivre ou au Mexique pour obtenir des piments, la culture des épices se faisant aux quatre coins du monde, sans égard pour leurs origines. Ainsi, les États-Unis produisent du paprika, de l'ail, de la menthe, du thym et du pseudo-safran.

De nos jours, avec la production industrielle des épices, les croyances liées à leurs usages ont été reléguées à un rôle d'anecdote, tandis que leurs vertus médicinales, ignorées pendant bon nombre d'années, reviennent peu à peu à la surface avec le retour en force des médecines douces, de l'aromathérapie, de la phytothérapie et de la médecine traditionnelle, notamment chinoise.

C'est à la fin du XIIe siècle que le mot « épice » apparaît dans la langue française, directement dérivé du latin *species* (espèce, substance) et qui désignait une grande variété de produits. Le mot « aromatica » lui sera accolé pour bien faire la distinction entre une épice comme la cannelle et un autre produit comme l'avoine, par exemple.

Dans les pages qui suivent, vous découvrirez l'origine et l'usage de certaines épices et fines herbes, d'aromates et de condiments, mais aussi de plantes, plus ou moins cultivées, utilisées pour relever mets et boissons ; pour agrémenter le tout, plusieurs recettes jalonnent ce guide.

> Nous vous rappelons de ne jamais utiliser une plante si vous n'êtes pas sûr de sa toxicité ni de sa provenance. Les femmes enceintes ou qui allaitent doivent également prendre des précautions quant à l'utilisation d'épices et d'herbes, tout comme les gens souffrant de divers maux. Consultez votre médecin.

• AJMUD •

(carvi, racine à sucre, cumin des prés)
Carum roxburgianum

Famille : Ombellifères   **Origine :** Inde
Parties utilisées : graines, feuilles, racines

De la même famille que le cari, *Carum roxburgianum* est appelé ajmud en hindi.

En Inde, on utilise les graines pour parfumer les chutneys, les currys et les marinades. Les feuilles peuvent être utilisées comme du persil. Ses propriétés thérapeutiques sont reconnues notamment pour soulager les gaz intestinaux et les maux d'intestins. On l'emploie aussi pour soigner les bronchites et l'asthme.

• AJOWAN •

(ammi des Indes, anis de l'Inde, lovage)
Trachyspermum ammi

Famille : Ombellifères   **Origine :** Sud de l'Inde
Parties utilisées : feuilles, tiges

Ammi vient du grec *ammos* qui signifie « sable », le type de sol que cette plante recherche. On l'a parfois confondue avec la khella (*Ammi visnaga*), cultivée en Égypte et en Algérie.

Les épices   15

Les Indiens utilisent l'ajowan à la place du céleri. Il fait partie de la même famille que le cumin et le carvi.

Il a un goût de thym et fait merveille dans les entremets, les feuilletés, les biscuits, et avec les haricots afin de réduire les flatulences.

En Asie, il parfume les pains, les pâtisseries et les légumes cuits. Le célèbre nan (pain indien) contient des graines d'ajowan qui lui donnent son goût prononcé de thym.

Les graines d'ajowan contiennent une huile essentielle qui sert à la fabrication du thymol, un phénol utilisé en médecine et par les parfumeurs. L'huile essentielle d'ajowan est employée dans la fabrication de rince-bouche et de dentifrice, car elle a des propriétés antiseptiques.

• ANIS ÉTOILÉ •

(anis de Chine, anis de Sibérie, fenouil de Chine, faux anis, étoile du gourmet)
Illicium verum

Famille : Magnoliacées   **Origine :** Chine
Partie utilisée : graines

Bien que l'anis étoilé soit connu en Chine depuis des temps immémoriaux, Marco Polo garda le secret de son origine, car cette épice se vendait à prix d'or. C'est un marin anglais du nom de Cavendish qui aurait rapporté l'anis étoilé en Europe à la fin du XVIe siècle. Les Hollandais furent probablement les premiers à l'utiliser pour en parfumer leur thé. L'anis étoilé est le fruit d'un arbre appelé le badanier, pouvant atteindre jusqu'à huit mètres de haut.

Très utilisé en cuisine asiatique, l'anis étoilé est l'un des ingrédients du cinq-épices. L'anis aromatise les currys, les compotes de fruits et les pâtisseries.

La graine que l'on trouve au cœur des cosses brunes de la fleur a un goût marqué d'anis, plus poivré que l'anis commun.

L'anis étoilé est utilisé pour parfumer les mets à base de porc, de canard, de poulet, de poisson, de crustacés, le riz et le thé.

Qu'on s'en serve entier, concassé, moulu, distillé, l'anis étoilé ajoute une petite touche orientale à tous les plats.

Il entre aussi dans la composition du pastis.

En phytothérapie, l'anis étoilé est employé pour soulager l'aérophagie, les vomissements nerveux, les migraines.

Toutefois, en septembre 2003, la Food and Drug Administration (FDA) prévenait la population de ne pas utiliser de tisane d'anis étoilé pour soulager les coliques des nourrissons, car elle pourrait provoquer des convulsions. La FDA pense que la variété japonaise (toxique et plutôt utilisée en décoration) a pu être confondue avec la variété chinoise qui, elle, ne comporte aucun danger.

Espadon à l'anis étoilé (2 personnes)

Ingrédients	Marinade
2 darnes d'espadon	8 graines d'anis étoilé
30 ml (2 c. à soupe) de ciboulette hachée	5 ml (1 c. à thé) de baies roses de Bourbon
Jus d'une demi-limette	5 ml (1 c. à thé) de graines de fenouil
Tranches de limette	60 ml (4 c. à soupe) d'huile d'olive
30 ml (2 c. à soupe) de daikon râpé	10 ml (2 c. à thé) de sauce soya
Sel	

Préparation

Marinade

Mélanger l'huile d'olive, l'anis étoilé, le fenouil, la sauce soya et les baies roses. Déposer les darnes d'espadon, laisser mariner 12 heures au réfrigérateur.

Faire cuire les darnes d'espadon à la poêle ou au barbecue. Déposer le poisson sur les assiettes, saler. Disposer le daikon râpé et la ciboulette. Mélanger la marinade et en arroser le poisson, ajouter un filet de jus de limette dans chaque assiette et garnir de tranches de limette. Servir.

• ANIS VERT •

(anis cultivé, boucage)
Pimpinella anisum

Famille : Ombellifères   **Origine :** Moyen-Orient
Parties utilisées : graines, feuilles

L'anis vert se décline sous plusieurs variétés, notamment l'arroche blonde, à feuillage vert-jaune pâle et l'arroche bon-henri à feuillage rouge. L'anis est l'une des épices les plus anciennes. Il fut utilisé à la fois comme remède et comme condiment.

Employé par les Romains pour purifier l'haleine et pour parfumer le vin, il avait aussi la réputation de prévenir les cauchemars. Charlemagne en ordonna sa culture en 812.

On utilise surtout l'anis vert pour fabriquer des liqueurs très prisées : pastis, ouzo, raki, anisette, arak, anisado, etc.

Incorporez-le dans les soupes et les farces de poisson, les viandes, le gibier, les salades, les soufflés, les pâtisseries, le pain, les préparations à base de châtaignes, les moules, le fromage blanc.

Attention, la consommation d'anis est interdite aux femmes enceintes ou qui allaitent ainsi qu'aux enfants.

L'anis n'apprécie pas les climats froids. Il se cultive surtout sur le pourtour du bassin méditerranéen, dans une terre chaude et bien aérée. Il lui faut un bon arrosage par temps sec.

• ASA FOETIDA •

(ase fétide, férule persique, merde du diable)
Ferula assafoetida

Famille : Apiacées **Origine :** Afghanistan, Iran
Partie utilisée : racines (sous forme de résine, de pâte, fraîche ou séchée)

Selon la légende, c'est Alexandre le Grand qui introduisit l'asa foetida en Occident au IVe siècle av. J.-C. Très appréciée des Romains, la résine de la racine de l'ase était utilisée pour frotter les grils avant de faire cuire la viande. On raconte qu'au XVIIIe siècle, le roi de Pologne en exil en Lorraine, Stanislas (beau-père de Louis XV), prenait tous ses repas dans une assiette frottée à l'asa foetida. En Inde, on la prescrit encore pour soulager les flatulences et pour soigner les bronchites.

L'asa foetida dégage une forte odeur de soufre qui lui a donné son nom. Une fois cuite, cette odeur disparaît pour faire place à un goût d'ail prononcé. L'ase fétide est utilisée pour parfumer les currys, les dhals (plats de lentilles), les légumes, les poissons et les sauces indiennes. Elle entre dans la composition du chat masala, un mélange d'épices qui comprend aussi de la menthe, du gingembre, du piment de Cayenne, de l'ajowan, de la poudre de mangue, du cumin, des graines de grenade séchées et du sel noir.

• BAIE ROSE DE BOURBON •

(baie rose, café de Chine, encens, faux poivre,
poivre d'Amérique, poivre marron)
Schimus terebinthifolus

Famille : Anacardiacées
Partie utilisée : graines

Origine : Amérique du Sud, mais surtout île de la Réunion et île Maurice

Originaire de l'océan Indien, plus précisément de l'île de la Réunion (autrefois île Bourbon), la baie rose a un goût assez prononcé qui rappelle à la fois l'anis, le genièvre et le poivre.

Les Incas d'Amérique du Sud ont utilisé les baies de cet arbre qu'ils appelaient *mulli* pour concocter une boisson qui combattait les problèmes urinaires, contre la gale et dont la résine a servi de pommade cicatrisante. Additionnée d'eau et exposée au soleil, la résine finissait par se transformer en miel ou en vinaigre avec l'ajout d'un autre ingrédient non déterminé. Son bois a servi de cure-dents ou de charbon.

La baie rose accompagne très bien les poissons et les salades de fruits exotiques. Par exemple, elle relève bien les crèmes glacées, les pêches Melba ou les crèmes pâtissières.

Avec le riz, les pâtes, le poisson, la volaille et le porc, elle apporte une saveur exotique au menu.

On la trouve souvent dans un mélange d'épices composé de baies roses, de poivres blanc, noir et vert et de piment de la Jamaïque.

Ces baies n'ont rien à voir avec le poivre même si, parfois, on les surnomme poivre rose. Les baies roses sont le fruit d'un arbre (le *Schinus molle*) des montagnes d'Amérique du Sud, de l'île de la Réunion et de l'île Maurice.

Pâtés de vivaneau (8 personnes)

Ingrédients

450 g (1 lb) de farine
115 g (1/4 lb) de beurre ramolli
15 ml (1 c. à soupe) de sel
2 œufs entiers
60 ml (4 c. à soupe) d'eau
500 g (1 lb) de filets de vivaneau
2,5 ml (1/2 c. à thé) de poivre blanc
3 blancs d'œufs
500 ml (2 tasses) de crème à 35 %
10 ml (2 c. à thé) de baies roses concassées
Beurre pour graisser

Préparation

Creuser un puits au centre de la farine, y verser le sel, le beurre ramolli, les œufs et l'eau. Pétrir la pâte et en faire une boule. Réfrigérer 2 heures.

Passer les filets de vivaneau au mélangeur, saler et poivrer. Ajouter les blancs d'œufs et mélanger encore. Réserver au réfrigérateur.

Placer un bol sur un lit de glace, y verser la crème et fouetter. Ajouter les baies roses concassées, puis la crème au mélange de poisson.

Découper des ronds de pâte deux fois plus grands que le diamètre d'un ramequin. Beurrer les ramequins, y foncer la pâte et remplir de mousse de poisson. Rabattre la pâte sur le dessus, pincer le centre. Cuire au four à 190 °C (375 °F). Laisser dorer. Servir tiède ou froid.

• BOIS D'ANIS •

(ravensare anisé)
Ravensara anisata

Famille : Lauracées   **Origine :** Madagascar
Partie utilisée : écorce

Le bois d'anis nous vient d'un arbre, le ravensare, de l'île de Madagascar, surtout utilisé pour l'huile essentielle qu'on en extrait. Les Malgaches s'en servent pour soigner une multitude de maux... ou pour parfumer le rhum.

Les épices   21

L'écorce du ravensare anisé remplace aisément les graines d'anis, car si elle est inodore entière, elle dégage une forte odeur d'anis lorsqu'elle est râpée. Son goût, un peu piquant, est moins prononcé que celui de l'anis.

En Europe et en Amérique du Nord, on utilise surtout le bois d'anis en phytothérapie et en aromathérapie, car c'est un antibactérien, un antiviral, un antimycosique et un relaxant reconnu. On le recommande pour la ménopause, l'aérophagie, les indigestions, les flatulences, le zona, les insomnies et la fatigue musculaire.

• CANNELLE •

(canéfice, casse, laurier des Indes)
Cinnamomum zeylanicum

Famille : Lauracées **Origine :** Sri Lanka
Partie utilisée : écorce

Originaire d'Asie du Sud-Est, la cannelle est maintenant cultivée dans plusieurs pays, notamment aux Comores, aux Seychelles, à Madagascar et en Amérique du Sud. La plus réputée est celle de Madagascar. Les plus prisées des Européens sont la cannelle du Sri Lanka et celle de Madagascar.

On trouve aussi sur le marché de la cannelle de Padang (cannelle de Chine, cannelle de Saïgon), beaucoup moins bonne que l'originale ; elle a un goût plus âcre, mais est surtout moins chère : elle se vend principalement en Amérique du Nord.

L'odeur chaude et piquante de la cannelle ajoute de la saveur aux riz, aux currys, aux ragoûts et aux pains d'épices, aux vins chauds, aux compotes, aux fruits, aux tartes aux pommes, aux brioches, etc.

Elle possède des propriétés antispasmodiques et astringentes. Elle prévient les gaz et la colique tout en stimulant l'appétit. Elle peut être utilisée pour soulager les symptômes de la grippe, la fièvre, la diarrhée, la fatigue. En usage externe, elle est antiseptique et tonique.

Le cannelier est un petit arbuste à fleurs persistantes. Son écorce n'est prête à être découpée qu'après trois ans. Elle s'enroule alors sur elle-même pour former ces petits rouleaux brun clair que nous connaissons.

• CARDAMOME •

(amone, cardamome du Népal, cardamome noire)
Elettaria cardomumum

Famille: Zingibéracées   **Origine:** Cambodge
Partie utilisée: graines

La cardamome est l'une des trois épices les plus chères sur le marché, avec le safran et la vanille.

Elle fut utilisée par les Arabes pour aromatiser le café, par les Indiens pour les currys, et par les peuples nordiques pour les marinades et les conserves. Les Égyptiens, après avoir réduit les racines en pulpe, en fabriquaient des pastilles qui combattaient la mauvaise haleine.

La cardamome verte, la meilleure, est cultivée en Inde. On en trouve aussi en Thaïlande et en Indonésie. La cardamome noire, quant à elle, a un goût plus prononcé.

Il vaut mieux acheter la cardamome en capsules entières et la moudre au moment de s'en servir, car cette épice perd vite son arôme.

En Inde et en Chine, la cardamome est utilisée pour soulager les problèmes de digestion.

Dans le riz, elle fait office d'épice, mais elle sert tout autant à aromatiser le thé que les pâtisseries.

• CARVI •

(anis des Vosges, racine à sucre, cumin des prés)
Carum carvi

Famille: Ombellifères   **Origine:** Orient
Parties utilisées: graines, feuilles, racines

On connaît le carvi depuis au moins 5 000 ans. On a même trouvé des graines de cette plante dans des sites préhistoriques.

Son nom arabe, *karâwiyâ* (racine à sucre), continue d'être utilisé en Turquie et en Iran. Son nom viendrait de la ville de Carie, colonie phénicienne d'Asie mineure.

Les graines de carvi aromatisent les fromages (munster), les charcuteries, la choucroute et les pâtisseries, le pain (pumpernickel).

Les feuilles font bon ménage avec les salades et les poissons ; les racines peuvent également être consommées.

On peut en parsemer les graines sur les pommes de terre, les carottes et les champignons.

Les feuilles ciselées agrémentent la salade, la soupe ou un ragoût de mouton. La racine peut se consommer comme le navet ou le panais.

Le carvi a des propriétés stimulantes et digestives. On l'utilise notamment pour combattre l'aérophagie et les gaz intestinaux.

 À l'état sauvage, le carvi est une plante des chemins et des prairies de montagne.

Poulet au carvi (6 personnes)

Ingrédients

6 poitrines de poulet
1 petit oignon jaune, haché
1 ml (1/4 c. à thé) de poivre noir
1 ml (1/4 c. à thé) de cannelle
5 ml (1 c. à thé) de levure chimique (poudre à pâte)
100 g (3 1/2 oz) de pois chiches (en conserve)
15 ml (1 c. à soupe) de beurre
4 gousses d'ail
90 ml (6 c. à soupe) d'huile d'olive
175 ml (3/4 tasse) de gruyère râpé
250 ml (1 tasse) de pain sec
6 œufs
5 ml (1 c. à thé) de graines de carvi
15 ml (1 c. à soupe) de vinaigre blanc
Sel

Préparation

Faire revenir le poulet dans l'huile avec l'oignon haché. Ajouter le carvi, l'ail et le sel. Couvrir d'eau. Laisser mijoter jusqu'à la cuisson parfaite du poulet. Ajouter les pois chiches et cuire 5 minutes de plus.

Déposer le poulet dans un plat beurré allant au four. Ajouter le pain sec tout autour. Mouiller avec un peu de sauce. Réserver le reste de la sauce au chaud.

Battre légèrement les œufs, ajouter le gruyère râpé, le sel, la cannelle, la levure et le sel. Verser les pois chiches chauds dessus. Déposer la préparation sur le pain autour de poulet. Mettre au four à 190 °C (375 °F) jusqu'à ce que le tout soit bien cuit.

Au moment de servir, arroser avec la sauce chaude et un filet de vinaigre blanc.

• CERISIER MAHALEB •

(faux merisier, cerisier de Sainte-Lucie)
Prunus mahaleb

Famille: Rosacées   **Origine:** Moyen-Orient
Partie utilisée: fruits

 Mahaleb est le nom d'une ville antique du Liban; Sainte-Lucie est un monastère franciscain des Vosges (France) où ce faux merisier pousse en abondance.

Les épices 25

On utilise le cerisier mahaleb surtout dans les cuisines grecque, arménienne, turque et libanaise, notamment pour aromatiser les pains, les pâtisseries et les friandises. Il possède un goût légèrement amer. On l'emploie en Grèce pour le *mahlepi*, une pâtisserie traditionnelle de la pâque orthodoxe.

Le bois du *Prunus mahaleb* est aussi appelé merisier des pipes, car il sert effectivement à la fabrication des pipes pour sa qualité supérieure.

Le cerisier mahaleb peut atteindre 10 mètres de haut. Ses branches s'étalent largement. Ses fleurs sont blanches et ses fruits ovoïdes, de couleur verte, noircissent à maturité. L'épice provient du noyau séché et moulu. Elle a alors l'apparence d'une poudre jaune.

• CHILI ou PIMENT DE CAYENNE •
(piment fort, piment oiseau, pili-pili, piment enragé, poivre rouge)
Capsicum frutescens

Famille : Solanacées   **Origine :** Mexique
Partie utilisée : fruits

 Au Mexique, voilà plus de 9 000 ans que l'on consomme le piment, connu sous le nom de *chili* en nahualt.

Les navigateurs portugais exportèrent les piments vers l'Asie, le Moyen-Orient et, bien sûr, l'Europe. On trouve plus de 150 espèces de piments au Mexique.

 Il est bon de se rappeler que plus le piment est petit, plus il est fort.

Le piment contient des vitamines A et C ; il est antiseptique mais doit être utilisé avec parcimonie, notamment s'il est fort.

On peut l'employer à toutes les sauces, avec les légumes, les poissons, les crustacés, la viande et, bien entendu, dans toutes les préparations exotiques. Dans les punchs et les cocktails, il ajoute une petite note piquante qui n'est pas du tout désagréable.

Le chili le plus fort : l'habañero, qui brûle terriblement.

Les forts : le serrano, l'anaheim, le piment oiseau des Antilles.

Les moins forts : le jalapeño, le piment banane, le poblano ainsi que les poivrons vert, jaune et rouge.

• CLOU DE GIROFLE •
(girofle)
Eugenia cariophyllata

Famille : Myrtacées   **Origine :** îles Moluques
Partie utilisée : fleurs

Les Grecs et les Romains faisaient le commerce du clou de girofle depuis les Indes. Mais c'est véritablement au Moyen Âge qu'il devint populaire en Europe, grâce aux navigateurs portugais et hollandais. En 1770, les Français firent passer des clous de girofle en contrebande à l'île Maurice, où ils réussirent à l'implanter.

Le clou de girofle est le bourgeon déshydraté du giroflier, un arbre d'Indonésie. En cuisine, on le trouve dans les pains d'épices, les bonbons, les pot-au-feu, les choucroutes, les currys.

En Inde, le clou de girofle aromatise un tabac très populaire. Dans d'autres parties de l'Asie, il est mâché pour prévenir les infections dentaires et pour lutter contre la mauvaise haleine.

En parfumerie, le clou de girofle est surtout employé pour les parfums masculins.

Les propriétés antiseptiques, analgésiques et anti-inflammatoires du clou de girofle sont reconnues depuis longtemps.

Les épices

• CUBÈBE •

(cubèche, embèbe, piper cuba, poivre à queue, poivre de Java, poivre du Kissi)
Piper cubeba

Famille : Pipéracées
Partie utilisée : fruits

Origine : Indonésie (Java, Bornéo, Sumatra)

Utilisé depuis l'Antiquité par les Chinois comme plante médicinale, le cubèbe avait la réputation de contrer les problèmes respiratoires. De l'Orient, les marchands arabes en font le commerce avec l'Europe jusqu'au XVIIe siècle, date à laquelle le roi du Portugal en interdit l'usage pour favoriser le poivre noir dont le pays est l'un des principaux fournisseurs. Le cubèbe disparaît des cuisines européennes au XIXe siècle, avant d'y revenir par le biais des mélanges du Maghreb et de l'Indonésie.

Rarement utilisées seules, les baies, communément appelées « poivre à queue », sont les fruits d'une liane et sont plus petites que le poivre noir.

Le cubèbe aromatise à merveille les légumes, et on le trouve dans les mélanges comme le ras-el-hanout ou le curry.

On lui prête des vertus aphrodisiaques, mais aussi purgatives pour nettoyer le foie et pour rafraîchir la bile.

• CUMIN •

(cumin du Maroc, faux anis)
Cuminum cyminum

Famille : Ombellifères
Partie utilisée : graines

Origine : Inde et vallée du Nil

Si les Hébreux se sont servis du cumin comme moyen de payer la dîme, les Romains en formaient une pâte dont ils badigeonnaient leur pain. Au Moyen Âge, le cumin servit de monnaie d'échange pour permettre aux esclaves de s'affranchir. En Tunisie, un nouveau-né, dès son arrivée au monde, est aspergé de cumin haché pour lui donner un bel aspect.

Le cumin est très utilisé dans la cuisine nord-africaine. On le trouve tant dans le couscous et les merguez que dans les currys et le ras-el-hanout. Il est aussi présent dans la cuisine française, notamment avec le fromage munster. On en parfume parfois les goudas et les édams.

Cette épice est remplie de vitamines et de minéraux, et on lui reconnaît des propriétés thérapeutiques importantes. C'est notamment un antidote efficace contre la fatigue et certaines allergies.

L'huile de cumin est utilisée en parfumerie.

La plante du cumin a besoin de beaucoup de soleil, et ce, pendant trois à quatre mois; ce n'est donc pas une plante qui peut facilement se cultiver au Québec. Il lui faut une terre fertile mais sèche. Ses petites fleurs blanches peuvent ajouter une note moyenne-orientale aux pots de fleurs.

• CURCUMA •

(safran bambou, safran bâtard, safran cooli, safran des Indes,
souchet de Babylone, souchet de Malabar)
Curcuma longa

Famille: Zingibéracées **Origine:** Inde
Partie utilisée: rhizome

 Les Perses ont associé le curcuma au culte du soleil en raison de sa couleur jaune lorsqu'il est séché.

Nombreux sont ceux dans le monde qui le portent en amulette pour se protéger des mauvais esprits.

Le curcuma est parfois désigné sous son appellation anglaise *tumeric*.

Les épices 29

Le curcuma est souvent confondu avec le safran, car il est aussi utilisé comme colorant.

Il se trouve dans les mélanges d'épices, notamment le curry; c'est un colorant jaune-orangé très concentré que l'on trouve dans la sauce Worcestershire.

Le curcuma peut être utilisé comme huile de massage, crème et lotion faciale. C'est un stimulant du système immunitaire; des recherches sont effectuées sur cette épice pour trouver des moyens de combattre le VIH, pour soigner le sida et dans les cas de cancer de la moelle osseuse. Depuis la nuit des temps, on s'en sert en Chine pour les problèmes de peau et de fonctionnement du foie. Son élément actif, la curcumine, est un antioxydant plus actif que la vitamine E.

Le curcuma produit des bractées jaunes, blanches ou roses. Il faut le cultiver en plein soleil ou à la mi-ombre, en massif ou en pot. Il faut l'arroser régulièrement et garder la terre humide. Toutefois, les rhizomes doivent être rentrés pour l'hiver, comme ceux des dahlias.

• FAGARA •

(poivre du Sichuan)
Zanthoxylum piperitum

Famille: Rutacées   **Origine:** Chine
Parties utilisées: baies, feuilles

Originaire de Chine, le fagara fait partie du mélange cinq-épices. Il n'a rien à voir avec le poivre. Il s'agit du fruit du frêne chinois.

Les graines contenues dans les baies sont très dures; c'est la raison pour laquelle beaucoup de cuisiniers préfèrent utiliser l'écorce et les feuilles, car elles dégagent un arôme citronné.

En Chine, entières ou moulues, les baies s'associent aux viandes blanches, aux ragoûts de porc, de poulet, de canard, et dans les plats sucrés-salés. Elles peuvent être moulues sur des pâtes ou du riz.

• FENUGREC •

(sénegré, trigonelle)
Trigonella foenum-graecum

Famille : Papilionacées   **Origine :** Afrique du Nord
Parties utilisées : graines, feuilles

Jadis employé par les gladiateurs et les athlètes, le fenugrec a la réputation de faire engraisser les personnes trop maigres.

Son nom latin *Foenum graecum* signifie « foin grec », car la plante servait autrefois à l'alimentation animale. En Afrique du Nord et en Inde, les jeunes femmes se gavaient de fenugrec pour respecter les canons de la beauté alors en vigueur.

 Les jeunes feuilles de fenugrec ont un parfum de céleri, et on les utilise dans les salades.

Les graines moulues entrent dans la composition du curry et du ras-el-hanout.

Le fenugrec contient du phosphore, du fer, du soufre, de l'acide nicotinique, des protéines, des glucides, des vitamines A, B_1, C, du magnésium, du calcium, de la lécithine, etc. On l'emploie pour lutter contre le rachitisme.

Les épices   31

• GALANGA •

(alpinie, gaingal, galange, galangue, garingal,
souchet long, souchet odorant)
Alpinia galanga

Famille: Zingibéracées   **Origine:** Malaisie et Java
Partie utilisée: racines

 Ce nom signifie «gingembre doux». Il s'agit d'une épice de la même famille que la cardamome et le gingembre.

Le galanga fut très utilisé en Europe au Moyen Âge, surtout comme médicament. À la fin du xe siècle, il était au nombre des épices les plus commercialisées avec le poivre, la cannelle, le gingembre et le clou de girofle. On lui reconnaissait aussi des propriétés aphrodisiaques. Le galanga disparaît de la cuisine européenne à la Renaissance; il est supplanté par d'autres épices. Il est de retour sur les étals depuis quelques années, notamment depuis la redécouverte de la cuisine asiatique.

Le rhizome ajoute un léger goût de gingembre aux pâtisseries. Une autre espèce, le petit galanga, se mange en légume, notamment en Malaisie et en Indonésie. Le galanga est commercialisé en tranches fraîches ou séchées, entier ou en poudre.

On lui prête des propriétés digestives et carminatives. Il s'agit d'un antibactérien puissant que les Indiens utilisent pour lutter contre la mauvaise haleine.

• GENIÈVRE •
(genévrier)
Juniperus communis

Famille: Cupressacées **Origine:** hémisphère nord
Partie utilisée: baies

Des sépultures contenant des baies de genièvre ont été retrouvées un peu partout en Europe. Elles avaient pour fonction de parfumer les tombeaux.

Déjà très apprécié des Grecs et des Romains, le genièvre facilite la digestion des gibiers, des viandes grasses, de la choucroute et relève très bien les fumets de poisson.

Selon Pline, la rareté du poivre poussait les gourmets romains à faire sécher des baies de genièvre pour les utiliser afin de rehausser la saveur des aliments.

Le genièvre parfume les marinades, notamment pour le gibier. On peut également l'utiliser dans les farces, les pâtés et la vraie choucroute allemande, les pot-au-feu, avec les choux, les tripes. Il est préférable d'acheter les baies entières: elles conservent ainsi mieux leur arôme.

Les baies de genièvre servent aussi à fabriquer l'alcool de genièvre, le pécket belge et le gin anglais. Le mot «gin» est l'adaptation anglaise du mot hollandais *genever,* qui désigne l'eau-de-vie de genièvre.

En infusion, les baies de genièvre ont des effets stomachiques, diurétiques et digestifs. On les utilise également pour traiter l'asthme.

Pendant longtemps, elles étaient reconnues, dans la médecine populaire, pour résoudre les troubles urinaires. Aujourd'hui, on peut les utiliser comme antiseptiques pour soulager les blessures mineures. On leur reconnaît des propriétés antispasmodiques, astringentes, carminatives (élimination des gaz et des crampes), digestives et diurétiques.

Le genièvre est riche en vitamine C et en minéraux (soufre, cuivre, cobalt).

Les épices

• GINGEMBRE •

(coillouin)
Zingiber officinale

Famille : Zingibéracées   **Origine :** Asie du Sud
Partie utilisée : rhizome

Connu par les Chinois et les Indiens depuis des temps immémoriaux, le gingembre a été rapporté en Europe par Marco Polo, à la fin du XIIIe siècle.

Dans les plats de poissons, les sauces, les marinades, les grillades, les crustacés, les volailles (canards), dans les desserts (puddings) et les biscuits comme les sablés, dans le pain d'épices et les conserves de fruits, avec le melon, dans le thé ou tout simplement confit, le gingembre a de multiples usages.

C'est une plante recommandée pour la circulation sanguine ; elle est aussi sédative et antispasmodique. On lui reconnaît la propriété de lutter contre le mal de mer.

En cosmétologie, elle est tonifiante et raffermit la peau.

Il ne faut pas confondre avec le gingembre chinois (*Boesenbergia pandurata*), originaire de l'Inde mais largement cultivé et utilisé en Chine. Son goût est moins citronné que celui du gingembre, mais ses propriétés médicinales sont plus puissantes. On l'utilise notamment pour le curry thaïlandais (mais pas en cuisine vietnamienne ni indonésienne).

• GRAINE DE SÉLIM •

(kili, piment noir de Guinée, poivre du Sénégal)
Xylopia aethiopica

Famille: Annonacées
Partie utilisée: graines

Origine: Afrique tropicale

Il s'agit d'un croisement de deux espèces de poivre utilisées en cuisine dans les pays d'Afrique tropicale, notamment de l'Éthiopie au Ghana. Un autre croisement avec la variété *Aromatica* existe en Amérique du Sud et est utilisé par les Indiens du Brésil.

Le fruit se présente sous la forme d'un haricot plat qui contient de cinq à huit graines de couleur brun-noir. Les contours de la graine sont visibles à travers la pelure du haricot.

La graine pousse sur un arbre appelé okala. L'écorce et le bois de cet arbre servent à la construction de cases traditionnelles, et de stimulant en médecine locale.

La graine de Sélim a un goût à la fois de cubèbe et de muscade, à l'arôme parfumé et résineux. Elle est un peu âcre, voire légèrement piquante. Moulues, les graines s'utilisent comme le poivre.

• MACIS •

(fleur de muscade)
Myristica fragrans

Famille: Myristicacées
Partie utilisée: arille

Origine: îles Moluques (Indonésie)

Le macis et la muscade furent utilisés par les Égyptiens pour embaumer les momies et étaient connus à l'époque de Pline, qui nous parle d'un arbre dont on peut extraire deux épices.

Les croisés les rapportèrent en Europe, et c'est surtout en Scandinavie qu'on les utilisait le plus.

C'est Marco Polo qui décrivit le premier le muscadier, ce bel arbre qui peut atteindre 15 mètres de haut, au retour de ses voyages en Asie du Sud.

Le macis n'est pas la fleur du muscadier, comme son nom pourrait le laisser croire. En fait, c'est la fine enveloppe (arille) entourant la noix de muscade (amande).

Frais, cet arille est rouge et tourne à l'orange en séchant. Le macis a un goût plus fin que celui de la muscade et remplace cette dernière dans beaucoup de préparations.

Le macis est vendu soit en poudre, soit séché. Pour obtenir le macis, l'arille est séché au soleil de une à deux semaines, puis découpé ou réduit en poudre. Il vaut mieux ajouter cette épice en fin de cuisson pour en préserver l'arôme.

• MANIGUETTE •

(graine de paradis, malaguette, poivre de Guinée)
Aframomum melegueta

Famille : Zingibéracées   **Origine :** Afrique de l'Ouest
Partie utilisée : graines

C'est au Moyen Âge, alors que les pays d'Afrique de l'Ouest ont un caractère très mystérieux, que la maniguette est baptisée « graine de paradis ». Elle n'est apparue en Europe qu'au XIIIe siècle. Les Grecs et les Romains ne la connaissaient pas.

De la même famille que le gingembre, la maniguette est une herbacée qui produit des fleurs cylindriques et des fruits jaunes tachetés de rouge. Ses graines, dures, brillantes et rougeâtres, ont un goût puissant de poivre, mais pas son odeur. La maniguette est vendue sous forme de graines entières. Elle est présente dans de nombreux mélanges, mais elle peut s'employer seule pour remplacer le poivre.

• MUSCADE •

(noix de muscade, noix de banda)
Myristica fragrans

Famille: Myristicacées
Partie utilisée: amandes

Origine: îles Moluques (Indonésie)

La noix de muscade vient d'un arbre tropical, le muscadier, originaire d'Indonésie. Ses fruits bruns renferment une amande, la noix de muscade. L'enveloppe de la noix, appelée arille, constitue le macis. Connue depuis le Moyen Âge, notamment pour parfumer la cervoise, c'est toutefois Marco Polo qui décrivit en détail le muscadier. À l'époque, on la dit aphrodisiaque.

La noix de muscade orne le drapeau de la Grenade.

La noix de muscade est une épice particulièrement polyvalente, puisqu'elle se marie aussi bien avec le salé qu'avec le sucré. On la saupoudre sur les sauces blanches, les purées, les poissons, mais on s'en sert aussi dans certaines pâtisseries, les compotes de fruits, les crèmes-desserts et le lait chaud.

Attention car, à forte dose, elle devient dangereuse: deux noix entières peuvent tuer une personne.

Elle est également utilisée dans les cures de désintoxication pour décrocher de certaines drogues dures. La noix de muscade ne convient pas à tous; certains consommateurs souffriront de démangeaisons musculaires, de sensibilité oculaire, d'écoulement nasal et de diarrhée.

Du lait chaud saupoudré d'un peu de noix de muscade devient un léger sédatif tout à fait naturel.

Les épices 37

• NIGELLE •

(cheveux de Vénus, cumin noir, nielle, poivrette)
Nigella sativa

Famille : Renonculacées **Origine :** Asie et Moyen-Orient
Partie utilisée : baies

On a retrouvé de l'huile de nigelle dans le tombeau de Toutânkhamon, pharaon de la XVIIIe dynastie (v. ~1354 - ~1343). Vers l'an mil, le célèbre médecin et mystique arabo-islamique Avicenne (980-1037) en parle dans son *Canon de la médecine* et dans son *Livre de la Guérison*.

En Égypte et en Inde, la nigelle remplace le poivre dans le curry.

Les graines de nigelle, petites et noires, qui lui ont valu le surnom de poivrette, ont un goût poivré et agrémentent avantageusement les légumes, les légumineuses, les salades et les volailles. De nos jours, au Moyen-Orient, on utilise la nigelle pour garnir des pains et des gâteaux.

La nigelle est vendue entière ou moulue.

En phytothérapie, elle est appelée la graine du pharaon. Elle a des propriétés antispasmodiques. C'est un stimulant du système immunitaire. Elle serait efficace pour soigner le rhume des foins et les allergies respiratoires dues à la poussière, ainsi que l'acné.

• PAPRIKA •

(poivre d'Espagne, poivre tomate)
Capsicum annuum

Famille : Solanacées **Origine :** Hongrie
Partie utilisée : fruits

Le piment doux est originaire du Mexique. Les conquistadors espagnols le ramenèrent en Espagne et au Maroc, avant de lui faire prendre le chemin de la Hongrie, où l'arbuste s'établira fermement au XIXe siècle.

L'appellation « paprika » est réservée aux piments doux originaires de Hongrie. Le paprika d'Espagne est plus pimenté, car il est fabriqué avec les graines.

Débarrassé des graines, puis séché et moulu, le fruit donne une saveur subtile aux mets. On l'utilise tant avec les œufs, les ragoûts (goulasch hongrois) qu'avec les volailles, les gibiers, les viandes rouges, les poissons et les crustacés. Dans le riz et les sauces, le paprika fait merveille.

• PAVOT •

(œillette bleue, pavot somnifère)
Papaver somniferum

Famille : Papavéracées **Origine :** Moyen-Orient
Partie utilisée : graines

La graine de pavot nous vient du pavot à opium ; son nom latin signifie « porteur de sommeil ». Ce sont les enveloppes cannelées des graines de pavot qui fournissent la matière première pour fabriquer la morphine et l'opium. Les graines utilisées en cuisine sont dépourvues de ces alcaloïdes.

Avec leur goût de noix, les graines de pavot bleu-gris sont des graines mûres utilisées pour parfumer les

Les épices

plats mijotés ou cuits au four. On s'en sert également pour aromatiser les pains, les biscuits et les pâtisseries.

Dans les assaisonnements à base de crème, les sauces, les currys ou simplement pour décorer les légumes, les graines de pavot ajoutent une petite touche de raffinement.

Dans le nord de la France, l'huile d'œillette est extraite des graines de pavot. Les graines brunes sont originaires de Turquie.

Le pavot est aussi reconnu pour être un antitussif; il combat la diarrhée et est riche en lécithine.

• PIMENT DE LA JAMAÏQUE •
ou TOUTE-ÉPICE
(poivre aromatique, poivre giroflée)
Pimenta officinalis

Famille : Myrtacées   **Origine :** Antilles
Partie utilisée : baies

Le poivre de la Jamaïque doit son nom, d'une part, à son origine et, d'autre part, à l'anglais *allspice* (toute-épice). Fruit du myrte-piment, il a été introduit en Europe par les Espagnols après la conquête du Nouveau Monde. Les Mayas, les Aztèques et les Caraïbes en connaissaient l'usage.

Ces baies ont un goût à la fois de poivre noir, de clou de girofle, de cannelle et de muscade.

Le piment de la Jamaïque relève les soupes et les ragoûts. On l'emploie, entre autres choses, avec les lentilles, les saucisses, le gibier, la volaille, le poisson, le jambon, etc. Il parfume les gâteaux, les liqueurs et les punchs. On l'utilise aussi pour les marinades, les conserves au vinaigre. Perdant rapidement de son arôme, il vaut mieux l'acheter en grains et le moudre au dernier moment plutôt que de l'acheter en poudre.

Les feuilles du myrte-piment servent à la fabrication de la vanilline.

• POIVRE •

(mignonette, piment long)
Piper nigrum

Famille : Pipéracées **Origine :** Sud-Ouest de l'Inde
Partie utilisée : baies

En Inde, son nom sanskrit signifie « soleil ».

Seules les baies du *Piper negrum* et du *Piper longum* ont le droit au nom de poivre.

Le poivre est le roi des épices et est d'ailleurs à l'origine de la longue route des épices qui, en fin de compte, mena à la découverte de l'Amérique.

Les baies de *piper nigrum* (poivre noir) sont récoltées alors qu'elles sont encore vertes, puis mises immédiatement à sécher.

Le poivre blanc, lui, est extrait de la graine mûre (rouge). Après trempage, les baies sont débarrassées de leurs enveloppes (péricarpes). Le goût du poivre blanc est plus fin que celui du poivre noir.

Le poivre vert est obtenu avec les graines encore vertes et conservées entières dans la saumure. Il s'agit du poivre le plus parfumé.

On appelle « mignonette » un mélange de poivre noir ou blanc grossièrement concassé.

Durant 4 000 ans, le poivre a également été utilisé pour ses propriétés médicinales, notamment sous forme d'huile essentielle.

Il vaut mieux utiliser du poivre en grains plutôt que déjà moulu, car ses arômes sont ainsi mieux conservés. Attention également de ne pas trop le cuire, car il ne supporte guère la chaleur. Il est préférable de poivrer au dernier moment.

Le poivre est bien sûr l'épice qui relève tous les mets : de la salade au potage, des viandes aux poissons, des légumes aux légumineuses et aux céréales.

Les épices 41

• SAFRAN •

(fleur de santé)
Crocus sativus

Famille : Iridacées
Partie utilisée : fleurs

Origine : Népal, bassin méditerranéen

Le safran est la plus chère des épices. Il faut récolter plus de 100 000 fleurs pour obtenir seulement 5 kg de stigmates qui, à leur tour, produiront 1 kg de safran. Les trois stigmates de chaque fleur sont cueillis à la main.

Originaire du Népal, où il était utilisé comme colorant, notamment par les bouddhistes, les botanistes d'Alexandre le Grand seraient à l'origine de son implantation dans le bassin méditerranéen. D'autres sources mentionnent que les Phéniciens auraient fait commerce des filaments de safran avec le monde celtique ibérique et de la Bretagne antique, en échange d'étain.

Aujourd'hui, le principal producteur de safran est l'Espagne.

Le safran n'a pas de goût, mais un délicieux parfum s'en dégage et il est indispensable à la paella, à la bouillabaisse, aux risottos. Fruits de mer et poissons, volailles et viandes mijotées s'en trouvent rehaussés.

Le safran se vend soit en poudre, soit en filaments. En filaments, il faut le faire tremper dans de l'eau chaude pour en dégager l'arôme ; c'est sous cette forme qu'il est considéré comme de meilleure qualité.

Attention, le safran vendu à prix défiant toute concurrence peut se révéler du curcuma ou encore du safran de mauvaise qualité, notamment celui qui est fabriqué aux États-Unis.

Le safran a des propriétés sédatives, antiseptiques, antispasmodiques, aphrodisiaques. Il ralentit le rythme cardiaque, fait baisser la tension artérielle et stimule la respiration. À forte dose, il devient dangereux.

• VANILLE •
Vanilla planifolia

Famille : Orchidacées
Partie utilisée : fruits
Origine : Mexique du Sud

Fruit d'une orchidée grimpante (*tlilxochilt* en aztèque), la vanille a été introduite en Europe par les Espagnols. Ils avaient constaté que les Aztèques en parfumaient leur chocolat.

La vanille naturelle fait partie des épices les plus chères et, de ce fait, de nombreuses imitations ont été mises sur le marché. Son prix s'explique par le fait que la fleur de vanille doit être fécondée à la main (sauf au Mexique où cela se fait de façon naturelle grâce à une abeille indigène), processus découvert par un esclave dans l'île de la Réunion.

C'est en séchant que les gousses acquièrent leur parfum. Elles sont récoltées vertes, mises à tremper plusieurs fois et séchées (le séchage peut prendre jusqu'à deux ans pour les gousses de meilleure qualité).

La vanille aromatise à merveille les desserts, mais peut aussi relever les viandes blanches, les crustacés et les coquillages.

Elle entre également dans la composition de parfum.

On dit que la meilleure vanille est la Bourbon de la Réunion. Celle de Tahiti a des gousses plus grosses, une saveur plus puissante et légèrement anisée.

Sur le marché, on trouve la vanille en gousses entières, en sachet, en extrait liquide ou en sucre vanillé. Malgré son prix élevé, il vaut mieux utiliser la gousse entière.

Il est possible de cultiver de la vanille en pot, comme plante d'intérieur, à l'abri des intempéries.

LES FINES HERBES

BASILIC

(balicot, calament, herbe royale, oranger des savetiers, pistou)
Ocymum basilicum

Famille : Labiacées **Origine :** Inde, Asie tropicale, îles du Pacifique

Parties utilisées : racines, feuilles et graines

Voilà plus de 4 000 ans que l'on utilise le basilic, d'abord en Inde, puis dans toute l'Asie, jusqu'en Égypte, puis à Rome et dans toute l'Europe du Sud. Son voyage le mena en Angleterre au XVIe siècle et, de là, vers le Nouveau Monde avec les premiers colons anglais et français.

Autrefois, bien avant les Romains, seul le souverain avait le droit de récolter le basilic. Les Romains, eux, l'ont associé à certains rites religieux comme symbole de fertilité. En Inde, il s'agit d'une herbe sacrée, offerte en offrande à Vishnou et à Krishna.

Dans l'Égypte de l'Antiquité, le basilic fit partie des dizaines d'épices et d'herbes entrant dans la composition des onguents utilisés pour la momification.

Bactéricide, le basilic peut servir à conserver les aliments. Au Moyen Âge, on s'en servait pour parfumer l'eau de lessive.

Cette herbe est utilisée à toutes les sauces, pourrait-on dire. Elle sert à neutraliser l'acidité de la tomate, du citron et du vinaigre. Que ce soit dans les potages, les salades, le fromage blanc ou de chèvre, les poissons et même le chocolat et les fruits, le basilic fait des merveilles.

Attention, toutefois, de ne pas trop le faire cuire car il ne supporte pas les longues cuissons. Il vaut mieux l'ajouter au dernier moment, ne serait-ce que parce qu'il a tendance à noircir rapidement.

Les graines de basilic sont une épice recherchée qui donne une saveur anisée. Les racines se préparent comme le panais.

On trouve de multiples variétés de basilic dans le commerce; certaines ont un goût de citron, de gingembre, de thym, de clou de girofle, etc.

Le basilic a des propriétés stimulantes, antispasmodiques, stomachiques et diurétiques.

Le basilic apprécie une zone ensoleillée ou, à défaut, mi-ombragée. Il pousse mieux dans un sol riche, frais et bien drainé.

Tomates au basilic (4 personnes)

Ingrédients

3 grosses tomates bien mûres

60 ml (4 c. à soupe) de bouillon de poulet chaud

60 ml (4 c. à soupe) de vinaigre de cidre

250 ml (1 tasse) de feuilles de basilic, hachées

Préparation

Couper les tomates, ajouter le bouillon de poulet et le vinaigre de cidre. Réfrigérer jusqu'au moment de servir (donne beaucoup de jus). Ajouter le basilic à la dernière minute, car les feuilles flétrissent vite.

• CERFEUIL COMMUN •

Anthriscus cerefolium

Famille : Ombellifères **Origine :** Asie centrale
Parties utilisées : graines, feuilles, racines

Depuis l'Antiquité, l'Europe met à profit les propriétés médicinales du cerfeuil.

Il convient de ne pas trop cuire le cerfeuil, car son arôme s'évapore facilement. En potage, le cerfeuil dégage un arôme et un goût tout à fait particuliers d'anis et de céleri. Effeuillé dans les salades ou sur les poissons, il ajoute un petit goût piquant. Les racines se dégustent comme du panais.

Les graines fraîches peuvent être ajoutées dans les salades, les salades de fruits ou sur d'autres mets sucrés.

En phytothérapie, ce sont ses propriétés toniques qui sont recherchées.

Le cerfeuil est une plante vivace, de zone de rusticité 4. Il pousse dans un sol humide, bien drainé, riche, et dans une zone partiellement ombragée. Il se resème tout seul.

Il existe plusieurs types de cerfeuil, dont le cerfeuil des jardins, le plus connu.

Le cerfeuil d'Espagne (*Myrrhis odorata*) est aussi comestible ; il a des feuilles légèrement velues.

Le cerfeuil tubéreux (*Chaerophyllum bulbosum*) est cultivé pour sa racine, sa seule partie comestible. Les feuilles et les tiges sont toxiques.

Les fines herbes

• CIBOULE •

(cive, oignon d'hiver, oignon japonais)
Allium fistulosum

Famille : Liliacées **Origine :** Sibérie
Parties utilisées : tiges, bulbes

Voisine de l'ail et de la ciboulette, la ciboule nous vient de Sibérie.

Dans les salades, les omelettes ou tout simplement sur une tartine beurrée, la ciboule sert de condiment à une multitude de mets en raison de son goût subtil d'oignon et d'ail. On l'utilise notamment en cuisine asiatique dans les plats mijotés et les potages.

• CIBOULETTE •

(civette)
Allium schoenoprasum

Famille : Liliacées **Origine :** Arménie
Parties utilisées : tiges et bulbes

La ciboulette est une des fines herbes les plus communément employées un peu partout en Europe et en Amérique du Nord.

Elle fait merveille dans les sauces froides, les salades, avec les fromages, les légumes, et même dans les plates-bandes des jardins ou les boîtes à fleurs.

Il vaut mieux l'ajouter au moment de servir et ne pas la faire cuire, car elle perdrait son goût et son arôme.

Ses petites fleurs de couleur lilas sont également comestibles et très jolies en décoration.

La ciboulette apprécie un sol riche, bien drainé, et une exposition plein soleil ou mi-ombragée.

Rempotés vers la fin de septembre, quelques plants pourront être cultivés à l'intérieur en hiver. Ainsi, vous aurez toujours de la ciboulette fraîche sous la main.

• CORIANDRE •

(cerfeuil chinois, persil arabe, punaise mâle)
Coriandrum sativum

Famille: Ombellifères   **Origine:** Europe méridionale et Moyen-Orient

Parties utilisées: graines, feuilles, racines

Des graines ont été retrouvées dans des sépultures d'Égypte ancienne où il s'agissait d'une plante sacrée conférant l'immortalité.

La coriandre est l'une des plantes amères consommées pendant la pâque juive.

Les feuilles parfument les salades, les potages. Les graines rehaussent les légumes. Cette herbe est très utilisée dans la cuisine orientale. On peut la consommer avec des poissons, des fruits de mer, de la viande, de la volaille, mais aussi dans les salades d'orange ou d'ananas frais.

Les graines de coriandre (ou parfois la racine) entrent dans la composition de plusieurs mélanges épicés: curry, garam massala, ras-el-hanout. Une pincée de graines broyées relève les potages, les marinades et même la pâte à gâteaux.

Dans les préparations cuites, il vaut mieux l'ajouter à la dernière minute de manière à lui conserver tout son arôme.

En phytothérapie, on lui reconnaît des propriétés aphrodisiaques et tonifiantes. Elle est aussi très employée pour faciliter la digestion.

En pleine terre ou en pot, la coriande fait partie de ces fines herbes qu'on aime bien avoir sous la main. Elle préfère les terrains légers, modérément riches et bien drainés. Elle pousse en plein soleil, à l'abri des vents forts. Attention, toutefois, elle ne supporte guère le rempotage.

• ESTRAGON •

(gargon, herbe dragon, serpentine, tarragon)
Artemisia dracunculus

Famille : Composées **Origine :** Chine
Partie utilisée : feuilles

Bien qu'originaire de Chine, c'est surtout la cuisine française qui a donné à l'estragon ses lettres de noblesse.

Les Grecs et les Romains le croyaient efficace contre les morsures de serpents. En Inde, le jus d'estragon était réservé aux souverains. Ce sont les croisés qui introduisirent l'estragon en Europe, au Moyen Âge. En France, l'estragon est cultivé dès le XVIe siècle par les moines, en tant qu'herbe aromatique.

L'estragon aromatise le poulet, certains poissons, le lapin, le gibier, les œufs, les salades, mais aussi le riz et les sauces béarnaise, tartare ou gribiche.

On n'oublie jamais d'en mettre une branche dans un pot de cornichons au vinaigre.

L'estragon est digestif, carminatif, stomachique, vermifuge, stimulant, antirhumatismal, diurétique. Il favorise la sécrétion de l'estomac et du duodénum, et calme les ulcères. Il peut être utilisé pour combattre les parasites intestinaux, l'arthrite autant que l'aérophagie et pour faciliter la digestion en cas d'anorexie.

L'estragon pousse mieux en plein soleil, même si une zone mi-ombragée est possible. Il lui faut un sol riche. Mieux vaut se méfier de nos hivers rigoureux et mettre un paillis pour le protéger, ou veiller à ce qu'il soit bien recouvert de neige.

• FEUILLE DE CARI •

(caloupilé, carripoulé, feuille de curry)
Murraya koenigii

Famille : Rutacées **Origine :** Sri Lanka, Inde
Partie utilisée : feuilles

La feuille de cari provient d'un arbre de la même famille que le citronnier (*Murraya*) ; il ne faut donc pas la confondre avec la poudre de curry, dont elle entre dans la composition, notamment en Inde.

Ces feuilles sont vert sombre au-dessus, vert pâle en dessous, et elles ressemblent à des feuilles de laurier. Elles constituent le véritable ingrédient des plats indiens au cari. La poudre de curry a été inventée par les Britanniques.

Mélangées dans du beurre clarifié, avec de l'asa foetida et des graines de moutarde, les feuilles de cari peuvent être servies dans un potage ou avec des légumineuses. Lorsqu'elles sont finement hachées, on peut les saupoudrer sur les omelettes, les marinades et les sauces des crustacés. Elles s'utilisent aussi entières : il faut alors les retirer du plat avant de servir. Les feuilles de cari perdent rapidement leur arôme.

Les fines herbes 51

• LAURIER •

(laurier noble, laurier sauce, laurier d'Apollon, laurier franc)
Laurus nobilis

Famille : Lauracées
Partie utilisée : feuilles

Origine : bassin méditerranéen jusqu'au bord de la mer Noire

Le mot « baccalauréat » nous vient du laurier à baie (*Bacca Laureati*) remis aux docteurs en médecine. Le laurier est un symbole de gloire et de succès.

Daphné était aimée d'Apollon, mais la jeune fille était farouche. Elle se réfugia près de sa mère, Gaïa, la terre. Celle-ci métamorphosa la jeune fille en laurier. Apollon s'exclama alors : « Puisque tu ne peux être mon épouse, tu seras mon arbre à tout jamais. Tu orneras, ô laurier, ma chevelure, ma cithare, mes carquois. » Depuis, le laurier est symbole d'immortalité ; il couronne les vainqueurs.

L'empereur romain Tibère se couronnait de laurier pour se protéger de la foudre. Les Pythies et les devins en Grèce antique mâchaient du laurier pour faire leurs prédictions.

Le laurier entre dans la composition du bouquet garni (avec le thym et le persil), on le trouve dans les marinades, mais aussi dans plusieurs plats de la cuisine française, que ce soit dans les courts-bouillons ou les ragoûts.

Les feuilles de laurier contiennent un glycoside et une substance amère qui facilitent la digestion. Elles sont diurétiques, antiseptiques, carminatives. Toutefois, il faut en user avec modération, car le laurier est légèrement toxique.

Attention, le laurier cerise et le laurier rose, deux plantes ornementales et cousines du laurier noble, sont très toxiques, voire mortelles.

• MARJOLAINE •

(grand origan)
Majorana hortensis ou *Origanum majorana*

Famille : Labiacées **Origine :** Europe du Sud
Parties utilisées : feuilles, tiges, fleurs

En Égypte, la marjolaine était la plante dédiée à Osiris. Puis, comme elle était considérée comme un symbole du bonheur, on lui attribua des propriétés aphrodisiaques. Les Grecs et les Romains ont découvert aussi ses effets calmants et l'utilisaient pour traiter les problèmes nerveux, les conjonctivites, les affections respiratoires.

Cousine de l'origan, mais à l'arôme moins soutenu, la marjolaine accompagne tant les omelettes que les pommes de terre, le mouton que les farces et les charcuteries. Que ce soit pour aromatiser les tomates, les vinaigrettes, les légumes, les poissons, les légumineuses, la viande ou la volaille, elle a de multiples usages. Elle fait partie de ce qu'on appelle les herbes de Provence.

Attention de ne pas la cuire trop longtemps, sinon elle perdra tout son arôme.

L'infusion de marjolaine est tonique et stimulante ; elle facilite également les menstruations.

• ORIGAN •

(dictame, doste, marazolette, marjolaine sauvage, penevoué, thym du berger)
Origanum vulgare

Famille : Labiacées **Origine :** Eurasie
Parties utilisées : feuilles, tiges, fleurs

L'origan pousse bien dans les pays du bassin méditerranéen, notamment en Italie et en Grèce. Il était employé par les Romains pour soulager leurs pieds endoloris par les longues marches : ils en déposaient dans leurs sandales. Au Moyen Âge, les pèlerins les ont imités.

L'origan est souvent confondu avec sa proche parente : la marjolaine. Le mot origan signifie en grec « joie des montagnes ». Il existe une vingtaine de variétés de cette herbe.

L'origan fait merveille dans les vinaigrettes, avec les anchois, dans la pizza italienne ou grecque, avec le gibier, les fruits de mer, les soupes, la viande grillée, la sauce tomate, le goulasch, le chili, les salades et les crudités en général, etc. On s'en sert aussi pour parfumer l'huile d'olive. Ses feuilles sont employées fraîches ou sèches, suivant l'usage que l'on veut en faire.

On reconnaît à l'origan des propriétés antiseptiques, antispasmodiques et stomachiques. Il a la vertu de calmer la toux. Attention, toutefois, il est constipant. En infusion, l'origan est tonique et stimulant.

• PERSIL •

(persil frisé, persil plat)
Petroselinum crispum

Famille : Ombellifères   **Origine :** Europe du Sud
Parties utilisées : feuilles, racines, graines

Les deux espèces les plus courantes sont le persil frisé (persil français) et le persil plat (persil italien).

Le persil plat est plus goûteux que le persil frisé et il supporte bien la cuisson.

Le persil frisé, lui, est employé pour son apparence, car il décore bien les mets et a l'avantage de bien se conserver au réfrigérateur.

Le persil, peu importe la variété, est riche en vitamines A et C ainsi qu'en sels minéraux.

Les graines sont utilisées comme condiment.

On connaît également le bulbe de persil (appelé parfois persil-navet, persil hollandais) qui s'utilise comme le panais, en légume. Ses feuilles se consomment comme du persil normal. La racine a un goût de céleri et rehausse les soupes et les ragoûts. La racine séchée peut servir de grignotine.

Le persil vietnamien a un goût de feuilles de carotte, mais s'utilise comme les autres persils.

Le persil est diurétique, dépuratif et sudorifique; à forte dose, il peut se révéler dangereux et est déconseillé pendant la grossesse.

• ROMARIN •
(encensier, herbe aux couronnes, rose marine, romarin des troubadours)
Rosmarinus officinalis

Famille: Labiacées   **Origine:** bassin méditerranéen
Parties utilisées: fleurs, feuilles, tiges

Son nom latin signifie «rosée de mer». Natif du littoral méditerranéen, le romarin est très apprécié des Italiens et des Provençaux. Depuis l'Antiquité, il entre dans la composition de nombreux baumes destinés à guérir les blessures et les douleurs. Il était aussi un remède contre la jaunisse et la perte de mémoire.

On disait que ses fleurs confites protégeaient de la peste.

Ce fin aromate a un goût puissant, qui relève agréablement les recettes provençales de viandes blanches: le lapin, le veau, la volaille, mais aussi le mouton dont il masque le goût prononcé, les poissons, les légumes tels que tomates, pommes de terre et carottes. On en met dans les marinades, les sauces, les ratatouilles et même dans les desserts: flans, confitures et gelées.

Le romarin ne doit jamais être cuit. Il peut être utilisé avec les salades, et ses branches complètes sont ajoutées aux braises du barbecue pour parfumer les viandes et les poissons grillés. Les fleurs fraîches décorent les salades et servent de garniture aux pâtisseries.

Très mellifère, le romarin est la plante du renommé miel de Narbonne.

Le romarin est un stimulant du système nerveux; on lui connaît des propriétés stomachiques, cholérétiques et cholagogues, mais aussi antispasmodiques et diurétiques, en raison des substances camphrées qu'il contient.

Le romarin est vivace seulement dans le bassin méditerranéen, en zones 8 à 10. Il lui faut une exposition ensoleillée à l'abri du vent, un sol bien drainé, acide ou alcalin.

Il est possible de cultiver le romarin en pot sur les balcons et les terrasses.

Crème-dessert au romarin (4 personnes)

Ingrédients

- 1 bâton de vanille (ou 2 sachets de sucre vanillé)
- 250 ml (1 tasse) de sucre
- 60 ml (4 c. à soupe) de fécule de maïs
- 4 jaunes d'œufs
- 1 litre (4 tasses) de lait
- 3 branches de romarin

Préparation

Porter le lait, le romarin, la vanille à ébullition. Retirer le romarin. Réserver.

Battre les jaunes d'œufs et le sucre (et le sucre vanillé si nécessaire). Incorporer la fécule de maïs diluée dans un peu d'eau froide. Verser le lait bouillant sur le mélange, à travers une passoire.

À feu doux, mélanger en faisant attention que le lait n'attache pas au fond de la casserole (pour prévenir cet inconvénient, mettre 15 ml [1 c. à soupe] d'eau froide dans la casserole avant d'y faire chauffer tous les ingrédients).

Lorsque la préparation est épaissie, porter de nouveau à ébullition quelques minutes.

Utiliser pour farcir des choux ou comme fond de crème pour une tarte aux fruits.

• SARRIETTE •

(herbe de Saint-Julien, sadrée, poivrette)
Satureja hortensis

Famille : Labiacées   **Origine :** bassin méditerranéen
Parties utilisées : feuilles, fleurs, tiges

Son nom latin *satureja* veut dire « herbe à satyre ». Dédiée à Dionysos par les Grecs, la sarriette a longtemps été considérée comme aphrodisiaque.

Depuis les Romains, on en apprécie l'arôme. Dans l'Antiquité, la sarriette servait à confectionner une préparation qui ressemble à une sauce à la menthe.

Il existe deux espèces cultivées : la sarriette d'hiver (ou des montagnes) et la sarriette des jardins ; on en compte cependant en tout une soixantaine d'espèces non comestibles.

La sarriette des jardins est la plus parfumée et, de ce fait, la plus utilisée pour relever les légumineuses (fèves, haricots blancs, pois chiches, lentilles) car elle en facilite la digestion. On la propose aussi avec les soupes, les sauces, les charcuteries, les fromages frais, etc.

La sarriette aromatise également les farces et entre dans la composition du bouquet garni. En marinade, elle neutralise les toxines du faisandage des gibiers.

On lui reconnaît une action carminative, digestive, tonique et stimulante. Elle a des propriétés purgatives, diurétiques, antidiarrhéiques. Son feuillage soulage les piqûres d'insectes.

• SAUGE •

(herbe sacrée, thé de Grèce, thé de Provence)
Salvia officinalis

Famille: Labiacées **Origine:** bassin méditerranéen
Partie utilisée: feuilles

Du bassin méditerranéen, la sauge a entamé un long périple qui l'a menée, au Moyen Âge, vers l'Europe du Nord et de l'Est, avant d'être introduite en Amérique au XVIIe siècle.

Déjà appréciée des Égyptiens de l'époque pharaonique, la sauge a servi à la fois d'aliment et de médicament. Les Grecs l'employaient pour faciliter la digestion. Le même usage en est fait en Inde. Elle était réputée pour prolonger la vie, d'où son nom latin qui signifie «sauveur»; mais, à forte dose, elle peut provoquer l'épilepsie.

La sauge a un goût prononcé qui se marie bien avec les viandes grasses, le gibier et les grosses volailles. En Grèce, on apprécie les infusions de feuilles de sauge, tandis qu'en Angleterre elle aromatise le fromage derby.

Que ce soit avec les viandes, les sauces, les poissons, les légumes, les charcuteries, la sauge a donc mille et un usages.

Elle est reconnue pour traiter les troubles digestifs, la transpiration excessive, l'inflammation des muqueuses de la bouche, du nez et de la gorge et pour traiter les infections du système respiratoire, réduire les bouffées de chaleur de la ménopause. Elle a des propriétés toniques, stomachiques et digestives.

Plante vivace de zones 3 à 8, la sauge demande un terrain ensoleillé, léger et bien drainé.

• SERPOLET •

(farigoule, thym sauvage)
Thymus serpyllum

Famille : Labiacées   **Origine :** bassin méditerranéen
Parties utilisées : feuilles, fleurs, tiges

Le serpolet est le cousin du thym ; il pousse à l'état sauvage. C'est une variété rampante.

Les Égyptiens utilisaient déjà le thym pour l'embaumement de leurs défunts ; les Grecs, pour parfumer l'eau des bains et les temples ; les Romains, pour purifier leurs appartements.

Le mot « thym » nous vient d'ailleurs de *tham*, mot égyptien pour désigner ce végétal qui servait à embaumer les morts. En grec, on trouve *thymós* (fumer, faire un sacrifice).

Au Moyen Âge, le serpolet et le thym ont servi à faire des décoctions pour voir les fées, mais aussi pour masquer les mauvaises odeurs et se protéger des maladies.

Il existe plus de 100 espèces de thym, dont 65 en Europe seulement. Le serpolet se trouve surtout en Provence.

Le serpolet a un goût légèrement citronné qui se marie bien avec les viandes blanches, les volailles et, surtout, le lapin. Macéré dans l'huile, il procure un arôme très subtil. Le serpolet peut également être saupoudré sur les omelettes.

Le serpolet (et le thym) est très efficace contre la toux. On lui reconnaît aussi des propriétés antiseptiques, toniques, diurétiques, balsamiques, vermifuges, dépuratives, calmantes et antirhumatismales.

Prisées, les feuilles séchées dégagent les bronches et arrêtent les hémorragies nasales.

• THYM •

Thymus vulgaris

Famille : Labiacées **Origine :** bassin méditerranéen
Parties utilisées : feuilles, fleurs, tiges

Le thym est employé depuis la plus haute antiquité, notamment pour ses propriétés antitussives.

Au Moyen Âge, le serpolet et le thym ont servi à faire des décoctions pour voir les fées, mais aussi pour masquer les mauvaises odeurs et se protéger des maladies.

Il existe plus de 100 espèces de thym, dont 65 en Europe seulement.

Le thym est l'un des ingrédients indispensables du bouquet garni (avec le persil et le laurier).

Il est utilisé dans les marinades, les saumures, la charcuterie et le gibier, les viandes, les salades, etc.

C'est un antiseptique puissant, un stimulant des voies digestives, des voies respiratoires et de la circulation sanguine.

Il a un haut potentiel mellifère ; le miel de thym est particulièrement apprécié dans les régions méditerranéennes.

Sauce au thym (4 personnes)

Ingrédients

10 ml (2 c. à thé) de thym frais (citronné ou argenté)
125 ml (1/2 tasse) de vin blanc sec
250 g (1/2 lb) de beurre en morceaux
3 jaunes d'œufs
Jus de 1 citron
Sel et poivre, au goût
2,5 ml (1/2 c. à thé) de farine

Préparation

Faire macérer le thym dans le vin blanc tiède pendant 20 minutes.

Dans un bol, mettre le jus de citron, les jaunes d'œufs, le sel, le poivre, le vin au thym, la farine et un tiers du beurre. Fouetter.

Ajouter un deuxième tiers de beurre, fouetter à nouveau. Ajouter le restant de beurre.

Faire épaissir au bain-marie, tout doucement. Retirer lorsque la sauce a la consistance d'une mayonnaise.

Si la sauce se décompose, ajouter 15 ml (1 c. à soupe) d'eau glacée et battre rapidement au fouet.

D'AUTRES PLANTES AROMATIQUES

• ABSINTHE •

(aluine, génépi, herbe sainte, Notre-Dame de l'oubli)
Artemisia absinthium

Famille : Composées   **Origine :** bassin méditerranéen
Partie utilisée : feuilles

Le capitule floral utilisé en infusion se montre tonique, stimule l'appétit et facilite la digestion. L'absinthe a été employée depuis la plus haute antiquité pour soigner les diarrhées et les coliques.

Toutefois, on s'est rapidement rendu compte que l'absinthe est également un poison très toxique.

La liqueur du même nom qui en était tirée au XIXe siècle a été interdite, car elle provoquait un abrutissement, de la torpeur, des hallucinations, des convulsions, une dégénérescence du système nerveux central. Paul Verlaine en est d'ailleurs mort.

De nos jours, on peut trouver sur le marché une liqueur fabriquée à base d'artémise, le génépi du Val d'Aoste (Italie) et de Haute-Savoie (France), mais débarrassée de ses propriétés toxiques, notamment la thuyone.

L'absinthe entre dans la fabrication du vermouth. Dans les pays du Maghreb, ses feuilles séchées servent encore à aromatiser le thé.

Cette plante, qui pousse sur le bord des chemins en Europe méridionale, est surtout employée dans la fabrication des liqueurs. Le mot « absinthe » vient du grec *apsinthion,* qui veut dire « imbuvable » (ou qu'on ne peut pas boire) à cause de son goût amer.

En cuisine, elle est parfois utilisée à très petite dose avec les viandes grasses dont elle facilite la digestion en stimulant les fonctions gastriques.

L'absinthe est également vermifuge et anti-inflammatoire.

Cette plante, de la famille des artémises, peut être cultivée comme un arbuste. Ses feuilles sont d'abord argentées, puis deviennent vert clair. Des fleurs jaune-vert apparaissent au milieu de l'été. Sous les climats froids, elle est cultivée en pot, car elle ne supporte pas le froid intense. La plante doit être taillée au printemps pour favoriser un feuillage éclatant.

• ACHE •

(ache odorante, ache douce, céleri des marais, céleri sauvage, céleri odorant)
Apium graveolens

Famille: Ombellifères   **Origine:** bassin méditerranéen
Parties utilisées: feuilles, tiges, graines

L'ache est un légume utilisé depuis la plus haute antiquité. Dans la Rome antique, elle symbolisait la mort et était servie lors des repas de funérailles. Chez les Grecs, l'ache représente la jeunesse triomphante et heureuse, et elle était également utilisée dans les cérémonies funèbres pour représenter l'éternelle jeunesse à laquelle le défunt venait d'accéder.

L'ache est présentée comme l'ancêtre du céleri que l'on cultive actuellement.

Elle a longtemps été considérée comme une panacée, puisqu'on lui prête des propriétés antiscorbutiques, diurétiques, fébrifuges et même aphrodisiaques. Elle serait l'ingrédient de base du célèbre philtre d'amour bu par Tristan dans la légende *Tristan et Yseult*.

Les côtes et les feuilles servent à aromatiser les potages, les poissons, les salades et les crudités.

On se sert des graines pour fabriquer du sel de céleri.

Les feuilles et les graines ont des propriétés diurétiques et dépuratives.

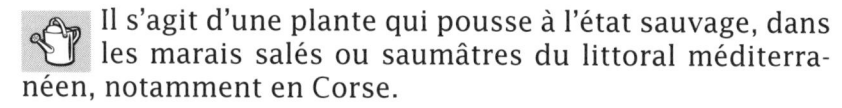

Il s'agit d'une plante qui pousse à l'état sauvage, dans les marais salés ou saumâtres du littoral méditerranéen, notamment en Corse.

On trouve deux variétés cultivées d'*apium graveolens*: la variété *dulce*, le céleri à côtes ; et la variété *rapaceum*, le céleri-rave.

Moules à l'ache (4 personnes)

Ingrédients

900 g (2 lb) de moules
5 ou 6 feuilles d'ache, entières
12 feuilles de basilic, entières
1 oignon
1 échalote grise
2,5 ml (1/2 c. à thé) de poudre de cari
1 ml (1/4 c. à thé) de piment de Cayenne
Pincée de poivre blanc
15 ml (1 c. à soupe) de crème à cuisson

Préparation

Couper l'oignon et l'échalote grise en petits morceaux. Faire suer dans l'huile d'olive, sans les colorer.

Ajouter les feuilles d'ache et la moitié des feuilles de basilic.

Laisser infuser à feu très doux 1 ou 2 minutes.

Augmenter le feu, ajouter les moules, couvrir. Laisser cuire 2 minutes.

Ajouter le cari, le piment de Cayenne et le reste de basilic, remuer et couvrir. Poursuivre la cuisson en remuant régulièrement, jusqu'à ce que les moules soient toutes ouvertes.

Ajouter la crème à cuisson et le poivre blanc. Remuer pour bien enrober les moules.

• ACHILLÉE MILLEFEUILLE •

(herbe à dindes, herbe aux charpentiers, herbes aux coupures,
herbe des guerriers, souci de Vénus, saigne-nez)
Achillea millefolium

Famille : Astéracées   **Origine :** zones tempérées
Partie utilisée : feuilles

Selon la légende, c'est le centaure Chiron qui découvrit les vertus de la plante et en fit usage pour la première fois ; il en apprit les propriétés à Achille, le héros grec, qu'il éleva et auquel la plante doit son nom.

Une autre légende rapporte que Joseph le charpentier s'étant blessé, Jésus utilisa des feuilles d'achillée et pansa la blessure qui se cicatrisa rapidement.

Depuis l'Antiquité, la plante est utilisée comme cicatrisant en Europe. En Amérique du Nord, les Amérindiens l'ont utilisée aux mêmes fins.

Des fouilles effectuées sur le site archéologique du Shanidar, en Irak, ont permis de retrouver des graines d'achillée millefeuille et l'homme de Néanderthal la consommait déjà il y a plus de 60 000 ans.

On peut ajouter quelques feuilles ciselées d'achillée dans les salades ou les sandwichs pour donner une petite note piquante aux mets.

En tisane, l'achillée millefeuille est utilisée comme fortifiant, pour purifier le sang, pour soulager la fièvre et pour faire maigrir.

L'abus d'achillée millefeuille peut rendre la peau sensible au soleil (photosensibilisation) ; elle est fortement déconseillée pendant la grossesse et peut, à forte dose, être toxique.

L'achillée millefeuille est une plante herbacée qui préfère le plein soleil ou les zones mi-ombragées, dans un sol bien drainé et pas trop riche.

Moules à l'achillée millefeuille (4 personnes)

Ingrédients
- 900 g (2 lb) de moules
- 2 échalotes grises
- 15 ml (1 c. à soupe) de beurre
- 250 ml (1/2 tasse) de vin blanc sec
- 400 ml (2 1/3 tasses) de bouillon de légumes
- 90 ml (6 c. à soupe) de lait à 2 %
- 25 feuilles d'achillée millefeuille
- Sel et poivre en grains

Préparation

Dans une marmite, faire fondre le beurre et ajouter les échalotes ciselées, puis faire suer. Ajouter quelques grains de poivre.

Verser le vin blanc, porter à ébullition. Ajouter les moules et couvrir; cuire jusqu'à ce qu'elles soient toutes ouvertes.

Décortiquer les moules et faire réduire le jus.

Ajouter le bouillon de légumes et laisser réduire de moitié. Ajouter le lait. Mélanger. Filtrer et garder au chaud.

Ciseler 20 feuilles d'achillée. Ajouter au jus et laisser infuser 10 minutes. Filtrer, puis saler et poivrer au goût. Verser le jus sur les moules. Garnir avec les cinq feuilles d'achillée restantes.

Œufs à l'achillée millefeuille (2 personnes)

Ingrédients
- 60 ml (1/4 tasse) de beurre
- 6 œufs
- 90 ml (6 c. à soupe) de bouillon de légumes
- 10 feuilles d'achillée millefeuille, finement hachées
- Sel et poivre

Préparation

Verser le bouillon de légumes dans une casserole, ajouter l'achillée. Faire réduire pour obtenir environ 30 ml (2 c. à soupe), tamiser et laisser refroidir.

Faire fondre le beurre dans un plat à gratin. Saler et poivrer. Casser 4 œufs sur le beurre et faire cuire 30 secondes à feu vif, puis couvrir et laisser cuire 1 minute de plus à feu très doux.

D'autres plantes aromatiques

Séparer le jaune du blanc des 2 œufs restants. Ajouter les jaunes au bouillon de légumes froid (garder les blancs pour une autre recette). Mélanger, saler et poivrer au goût.

Verser cette préparation sur les œufs cuits au moment de servir.

• ACORE •

(acore vrai, canne aromatique, roseau aromatique, jonc odorant)
Acorus calamus

Famille: Aracées   **Origine:** Himalaya
Partie utilisée: rhizome

L'acore a surtout été employé comme tonique et stimulant, notamment en médecine ayurvédique. Il fut importé en Europe par les Tatars qui l'ont utilisé pour désinfecter l'eau. Chez les Égyptiens, l'acore était l'un des ingrédients du kyphi, un des parfums d'ambiance parmi les plus populaires.

Les racines sont séchées et moulues avant d'être ajoutées aux compotes et aux plats sucrés. Elles ont une saveur amère. Les Britanniques en ont fait une confiserie: la racine d'acore confite. On trouve une variété dite *Acorus gramineus* (chi chang pu) d'origine chinoise qu'on utilise surtout pour ses vertus médicinales.

L'acore est une plante vivace à rhizome rampant. On divise les rhizomes au printemps, tous les trois ou quatre ans.

Il pousse surtout sur le bord des étangs et dans les fossés, et peut atteindre 1 m de haut.

Compote de poires à l'acore

Ingrédients
900 g (2 lb) de poires
1 rhizome d'acore de 5 cm (2 po)
1 litre (4 tasses) d'eau
150 g (1/3 lb) de sucre

Préparation
Peler les poires, les couper en deux et en enlever le cœur. Mettre les poires et le rhizome dans une casserole, ajouter l'eau et porter à ébullition. Ajouter le sucre.

Laisser cuire jusqu'à la formation d'une compote. Laisser refroidir.

Retirer le rhizome d'acore.

• ANGÉLIQUE •
(archangélique, reine de Saint-Esprit, herbe aux anges)
Archangelica officinalis

Famille : Ombellifères   **Origine :** Europe et Asie
Parties utilisées : racines, tiges, graines, feuilles

Le nom d'«angélique» vient de sa période de floraison qui se situe aux alentours de la fête de l'archange Michel, un grand pourfendeur du mal, c'est-à-dire le 29 septembre, aussi appelée la fête des anges.

Selon Paracelse, l'angélique fit des merveilles lors de l'épidémie de peste de 1510 à Milan, en Italie ; depuis, elle passe pour un élixir de vie.

Voilà une plante fort économique puisqu'on peut l'utiliser entièrement. Les tiges peuvent être confites, tout comme les feuilles, et devenir d'excellentes confiseries au goût de réglisse. Les graines aromatisent, par exemple, une tarte à la rhubarbe ou d'autres pâtisseries et liqueurs, tandis que la racine entre dans la composition de liqueurs. Les jeunes pousses d'angélique peuvent servir de condiment ou de légume, être consommées crues ou cuites, en salade.

D'autres plantes aromatiques

Cuites à l'eau, on les mange comme des asperges. Les graines, piquantes, servent d'épice.

En phytothérapie, l'angélique est reconue pour ses propriétés stimulantes, toniques et dépuratives. Elle est utilisée contre la bronchite, la catarrhe et les problèmes de digestion.

Il s'agit d'une plante vivace, bisannuelle, en zone de rusticité 3. L'angélique peut atteindre entre 1,50 m et 2 m de haut. Elle préfère un sol humide et bien drainé, et pousse dans les zones partiellement ombragées.

Vin d'angélique

Ingrédients
2 litres (8 tasses) de vin rouge
60 g (2 oz) de racine d'angélique
10 ml (2 c. à thé) de cannelle

Préparation
Mettre l'angélique et la cannelle dans le vin et laisser infuser à froid pendant 4 jours dans un bocal hermétique. Filtrer avant de déguster.

Angélique confite

Ingrédients
350 g (3/4 lb) de feuilles et de tiges de 10 cm (4,5 po) d'angélique fraîche
250 g (1/4 lb) de sucre fin
300 ml (1 1/4 tasse) d'eau

Préparation
Faire bouillir les tiges et les feuilles d'angélique pour les aseptiser et les débarrasser de leur pellicule. Jeter l'eau.

Porter l'eau et le sucre à ébullition pour obtenir un sirop. Verser ce sirop sur les feuilles et les tiges d'angélique.

Réfrigérer pendant 24 heures.

Porter à nouveau le sirop et l'angélique à ébullition, puis cuire à feu doux jusqu'à ce que la plante devienne vert vif, environ 10 minutes. Égoutter, laisser refroidir et sécher sur une grille.

Enrober les tiges et les feuilles de sucre.

Conserver dans du papier sulfurisé dans une boîte hermétique.

• ARMOISE •

(absinthe sauvage, ceinture de saint Jean,
herbe aux cent goûts, herbe de la Saint-Jean)
Artemisia vulgaris

Famille : Composées   **Origine :** Europe
Partie utilisée : feuilles

Au Moyen Âge, les fleurs d'armoise servaient d'épice et favorisaient la digestion des repas gras. Son nom lui vient de la déesse grecque Artémis. Hippocrate, Pline et Dioscoride en recommandent l'usage en gynécologie, car son huile essentielle a des propriétés régulatrices du cycle menstruel et soulage les règles douloureuses.

Très proche de l'absinthe, l'armoise est surtout employée avec le porc, le mouton, l'oie, le canard et les poissons gras. Afin d'éviter l'amertume de la plante, il vaut mieux utiliser les jeunes feuilles.

L'armoise pousse à l'état sauvage. Il est possible de la cultiver : il suffit d'en semer des graines au printemps.

• ASPÉRULE ODORANTE •

(petit muguet, reine des bois, thé suisse, thé des bois, herbe aux étoiles)
Asperula odorata

Famille: Rubiacées   **Origine:** Europe, nord de l'Afrique, Asie

Parties utilisées: feuilles, fleurs, tiges

Au Moyen Âge, les fleurs étaient utilisées pour décorer les églises au printemps en raison de l'odeur vanillée très agréable qui se dégage des fleurs séchées.

Elle fut également utilisée pour parfumer les draps dans les armoires.

En Allemagne et dans l'est de la France, par exemple en Alsace et en Lorraine, on continue à utiliser l'aspérule odorante notamment dans une boisson appelée *maitrank* ou vin de mai. L'aspérule relève les viandes braisées et est souvent employée pour aromatiser les vins cuits et les liqueurs.

En phytothérapie, ce sont ses vertus dépuratives et sudorifiques qui en font une plante de choix.

L'aspérule odorante est souvent employée comme couvre-sol. C'est une plante vivace de zone 3. Elle préfère un sol humide, riche en humus à tendance acide, mais bien drainé.

Biscuit à l'aspérule odorante (4 personnes)

Ingrédients	Biscuit
Garniture	4 œufs
500 ml (2 tasses) de crème à 35 %	1 pincée de sel
60 ml (1/4 tasse) de sucre	100 ml (6 1/2 c. à soupe) de sucre
1 petit bouquet d'aspérule odorante	1 zeste de citron râpé
1/2 citron en rondelles	100 ml (6 1/2 c. à soupe) de farine tamisée
60 ml (4 c. à soupe) de sucre glace	30 ml (2 c. à soupe) de beurre fondu et refroidi
300 ml (1 1/4 tasse) de compote (de pommes, de rhubarbe ou autre)	
30 ml (2 c. à soupe) de fécule de maïs	

Les épices, utilisations et propriétés médicinales

Préparation

Garniture

Délayer la fécule dans un peu d'eau. Porter la crème et le sucre à ébullition, ajouter la fécule. Laisser refroidir. Ajouter le citron et l'aspérule odorante. Couvrir et réserver 24 heures au réfrigérateur.

Biscuit

Battre les blancs d'œufs en neige avec le sel. Incorporer le sucre et le zeste de citron. Ajouter les jaunes d'œufs, battre. Incorporer la farine tamisée, puis le beurre fondu froid, tout doucement.

Abaisser la pâte en rectangle à 1 cm d'épaisseur (1/2 po) sur une tôle à biscuits antiadhésive. Cuire environ 8 minutes à 220 °C (425 °F).

Retourner le biscuit sur une étamine et laisser refroidir.

Étaler la préparation de crème à l'aspérule sur le biscuit et le rouler. Réserver au réfrigérateur pendant une trentaine de minutes.

Saupoudrer le biscuit roulé de sucre glace. Découper en tranches et servir avec la compote de votre choix.

• AURONE •

(armoise citronnelle, citronnelle garde-robe, arquebuse)
Artemisia abrotanum

Famille : Composées   **Origine :** Europe
Partie utilisée : feuilles

Le nom de garde-robe vient d'une utilisation qui en a été faite pour chasser les mites des armoires. On l'a aussi utilisée dans les philtres d'amour au Moyen Âge.

Les feuilles d'aurone dégagent un parfum de citron et de camphre et sont amères. Elles sont utilisées principalement en Italie et en Espagne dans la préparation de certaines pâtisseries. L'aurone s'emploie aussi pour parfumer les liqueurs, les gâteaux, les vinaigres et les viandes rôties. De nos jours, on ne s'en sert plus qu'en homéopathie et en phytothérapie.

L'aurone favorise les menstruations, mais c'est également un antiseptique.

L'aurone est un arbuste rustique, sauf en régions froides. Il croît dans les zones ensoleillées, à l'abri du vent. Il est possible de le cultiver en pot.

• BALSAMITE •

(alecost, feuille de bible, baume-coq, menthe coq, menthe de Notre-Dame, tanaisie balsamite)
Chrysanthemum balsamita ou *Tanacetum balsamita*

Famille: Composées **Origine:** Asie
Partie utilisée: feuilles

Le nom de feuille de bible vient des États-Unis puisque, de forme allongée, ses feuilles ont servi de stylets aux premiers colons.

Les feuilles de balsamite sont très aromatiques et dégagent une douce odeur de menthe et de citron. Plus amère que la menthe, elle agrémente le gibier, le veau, les soupes grasses et les omelettes. Dans les desserts, elle fait merveille avec le chocolat. Aux États-Unis et en Grande-Bretagne, la balsamite relève le goût de la bière et des liqueurs. En Allemagne, elle est également beaucoup utilisée en cuisine.

On l'apprécie pour ses propriétés toniques, digestives et antispasmodiques. Ses fleurs font un excellent vermifuge.

Cette plante est vivace en zone de rusticité 4. Il lui faut un sol fertile, bien drainé, très légèrement humide et une exposition plein soleil. Elle fleurit normalement à la fin de l'été.

• BARBARÉE COMMUNE •
(herbe de Sainte-Barbe, cresson de terre, roquette des marais)
Barbarea vulgaris

Famille : Crucifères ou Brassicacées

Origine : Europe et Amérique du Nord

Parties utilisées : feuilles, fleurs

La barbarée commune, ou vulgaire, est considérée comme une mauvaise herbe au Canada.

Cette plante, qui ressemble au cresson, est surtout utilisée comme condiment.

Ses feuilles amères et piquantes peuvent être ajoutées crues aux salades. Elles peuvent aussi être cuites, en guise de légume. Dans ce cas, on les fait cuire une première fois, on change l'eau et on recuit une seconde fois pour bien en enlever l'amertume. Il s'agit d'une plante riche en vitamines A et C.

Les fleurs macérées dans l'huile ajoutent un petit quelque chose aux vinaigrettes.

À l'état sauvage, la plante est souvent considérée comme une mauvaise herbe, porteuse de maladies et de virus.

De zone de rusticité 3, cette plante bisannuelle a besoin d'une zone de plein soleil et de bonnes périodes ensoleillées. Il lui faut un sol riche et frais. Elle produit des fleurs d'un beau jaune vif.

• BENOÎTE •

(herbe bénie, herbe de Saint-Benoît, avence, galiote,
sanicle des montagnes, herbe du bon soldat)
Geum urbanum

Famille : Rosacées **Origine :** Europe
Parties utilisées : racines, feuilles

Geum vient du grec *geyein*, assaisonner, qui a donné le latin *geno*. *Urbanum* signifie « ville ».

Au Moyen Âge, la racine de benoîte sert à combattre la dysenterie. Son nom d'« herbe du bon soldat » lui vient de la Première République (an IV), lorsque les soldats de l'armée du Rhin ont été guéris de fièvres intermittentes par la consommation régulière de vin de benoîte.

La racine de benoîte s'utilise pour remplacer le clou de girofle. On lui reconnaît des propriétés toniques, astringentes, sudorifiques, fébrifuges et révulsives. En phytothérapie, on l'emploie pour soigner les dysenteries, la dyspepsie, les fièvres intermittentes, les névralgies dentaires (en gargarisme).

Les jeunes feuilles (avant l'apparition des fleurs) se consomment en salade.

Plante vivace, la tige dressée peut atteindre 50 cm de haut.

Elle porte de petites fleurs jaunes et des fruits velus. Cette plante préfère les terrains humides et frais.

Vin de benoîte

Ingrédients

60 ml (4 c. à soupe) de racine de benoîte
1 litre (4 tasses) de vin rouge

Préparation

Faire macérer les racines et le vin pendant une semaine, filtrer. Boire au maximum trois verres par jour en cas de douleurs d'estomac ou de diarrhées.

• BERCE •

(berce spondyle, patte d'ours, berce branc-ursine, fausse acanthe,
herbe du diable, angélique sauvage, rhubarbe des Indiens)
Heracleum sphondylium

Famille : Ombellifères (Apiacées)
Origine : Europe, Amérique du Nord
Parties utilisées : racines, feuilles, tiges, fruits

Le mot « berce » est probablement d'origine germanique et dériverait de *bartsch* ou encore de *bartszez*, une boisson sure fabriquée en Europe de l'Est et qui ressemble à la fois à de la bière et à de la soupe. Le traditionnel bortsch d'Europe de l'Est semble avoir été autrefois fabriqué avec la berce plutôt qu'avec la betterave, comme on le prépare aujourd'hui.

Les Amérindiens, pour leur part, en ont fait aussi un usage culinaire, ce qui explique son nom « rhubarbe des Indiens » ou « céleri des Indiens ». Elle fut probablement la plante la plus consommée par les Amérindiens d'Amérique du Nord. Ceux-ci ont employé les cendres des feuilles comme succédané du sel.

Les jeunes feuilles de berce viennent relever les salades. Lorsqu'elles sont plus âgées, il vaut mieux les consommer cuites.

Les jeunes tiges crues doivent être pelées avant d'être consommées. Elles sont juteuses et ont un goût de mandarine et de carotte.

Les jeunes boutons, non éclos, peuvent être cuits à la vapeur.

Les fruits ont un goût très fort et servent surtout de condiment, tout comme les racines.

En phytothérapie, la racine, les feuilles et les fruits de la berce sont employés comme aphrodisiaque, stimulant, digestif, hypotenseur, vermifuge. La plante a la réputation de soigner les troubles de la digestion, les gaz, l'hypertension artérielle, l'insuffisance rénale et l'épilepsie.

D'autres plantes aromatiques

La berce renferme des substances photosensibilisantes qui provoquent des ampoules sur la peau lorsqu'on la cueille en plein soleil; donc, portez des gants. Pour la même raison, il vaut mieux éviter de s'exposer au soleil après en avoir consommé.

Bouillon de berce (4 personnes)

Ingrédients

5 racines de berce
1 litre (4 tasses) de bouillon de légumes
10 ml (2 c. à thé) de beurre
Sel et poivre

Préparation

Éplucher et laver les racines de berce. Les couper en tranches. Les cuire dans le bouillon de légumes. Lorsqu'elles sont tendres, les égoutter et les réduire en purée au mélangeur. Saler et poivrer, ajouter le beurre avant de servir.

• BOIS D'INDE •
Pimenta racemosa

Famille : Myrtacées   **Origine :** Antilles, Amérique centrale

Parties utilisées : feuilles, fruits

Le bois d'Inde vient d'un arbre qui pousse dans les îles des Caraïbes. Il peut faire de 10 m à 20 m de haut. On le confond parfois avec le piment de la Jamaïque (*Pimenta doïca*).

Les feuilles de bois d'Inde sont généralement utilisées telles quelles pour aromatiser les marinades, les viandes et les courts-bouillons pour le poisson. En poudre, le bois d'Inde entre dans les sauces et les boudins de la cuisine créole.

Distillées et ajoutées au rhum, les feuilles entrent dans la composition du Bay Rhum, un alcool utilisé surtout en parfumerie, mais aussi comme antiseptique et calmant ; les sportifs l'utilisent en lotion de massage pour les muscles endoloris.

Lorsqu'elles sont infusées, les feuilles de bois d'Inde procurent une boisson digestive qui combat les gaz et est apaisante.

En phytothérapie, on conseille le bois d'Inde pour ralentir les chutes de cheveux et pour limiter la formation de pellicules.

Langoustes créoles (1 personne)

Ingrédients

- 2 grosses queues de langouste
- 4 grosses crevettes décortiquées
- 30 ml (2 c. à soupe) d'huile
- 500 ml (2 tasses) de vin blanc sec
- 125 ml (1/2 tasse) d'eau
- 60 ml (4 c. à soupe) de pâte de tomate
- 2 oignons finement hachés
- 3 gousses d'ail finement hachées
- 2 brins de thym citronné
- Jus de 1 limette
- 60 ml (4 c. à soupe) de persil finement haché
- 2 feuilles de bois d'Inde
- 2 feuilles de laurier
- 2,5 ml (1/2 c. à thé) de piment de Cayenne
- Sel et poivre noir

Préparation

Verser l'huile dans la casserole, ajouter les oignons, l'ail, le thym citronné et le persil. Faire revenir quelques minutes.

Verser l'eau, les feuilles de bois d'Inde et de laurier. Saler et poivrer au goût. Laisser mijoter de 7 à 8 minutes.

Retirer les feuilles et passer le tout au mélangeur. Remettre à cuire à feu doux, ajouter le piment de Cayenne, la pâte de tomate, le vin et le jus de limette. Laisser mijoter une dizaine de minutes de plus.

Couper les langoustes en morceaux et les mettre dans le bouillon qui mijote, ajouter les crevettes. Cuire de 10 à 15 minutes.

Déguster.

• BOLDO •

(arbre du Chili)
Peumus boldus

Famille : Monimiacées **Origine :** Amérique du Sud
Partie utilisée : feuilles

Les propriétés digestives des feuilles de boldo ont été reconnues par les Amérindiens des Andes. En fait, la boldine contenue dans les feuilles stimule la sécrétion et l'évacuation de la bile.

L'arbre, qui peut atteindre 6 m de haut, est toujours vert ; il pousse dans les collines sèches et ensoleillées du Chili, ce qui lui a donné son nom.

L'arbre pousse dorénavant à l'état sauvage en Afrique du Nord et dans le bassin méditerranéen, où il a été implanté vers la fin du XIXe siècle.

Le goût des feuilles ressemble à celui du laurier mélangé à de la menthe.

La feuille de boldo convient bien aux poissons et aux fruits de mer. Elle relève également le riz. Le boldo peut convenir aux sauces et assaisonne bien les poêlées de champignons. On peut aussi s'en servir pour les marinades de légumes.

En phytothérapie, la feuille de boldo est utilisée pour l'élimination de la bile, pour faire augmenter la sécrétion de salive, et on la dit protectrice du foie.

Attention de ne pas l'utiliser pendant la grossesse.

Les feuilles de boldo séchées peuvent être employées pour préserver des vêtements remisés contre les insectes. Des feuilles de boldo brûlées sur le gril d'un barbecue éloignent les mauvais esprits, nous disent les Indiens du Chili.

• BON-HENRI •

(chénopode, sarron, épinard sauvage, toute-bonne, oseille de Tours)
Chenopodium bonus-henricus

Famille : Chénopodiacées   **Origine :** Europe
Parties utilisées : feuilles, bourgeons, graines

Le bon-henri a emprunté son nom au roi de France, Henri IV, qui en appréciait l'usage.

Les jeunes feuilles sont utilisées à la place des épinards, notamment dans les salades. Elles relèvent les farces destinées aux pièces de viande et au gros gibier. Les feuilles plus âgées peuvent être cuites et mangées comme des épinards, en gratin ou dans les soupes. Les jeunes bourgeons sont cuits à la vapeur et dégustés avec une trempette.

Grillées et moulues, les graines peuvent être mélangées à de la farine pour préparer des galettes.

En phytothérapie, le bon-henri est utilisé en cataplasme, comme émollient, et il se révèle légèrement laxatif si on en consomme les feuilles. Ne pas utiliser si vous avez un problème de reins ou des rhumatismes.

Le bon-henri pousse surtout dans les terrains vagues, les bords des chemins, mais aussi aux abords des chalets de montagne.

• BOURRACHE •

(herbe à concombre, langue de bœuf, bourroche,
borrache officinal, pain des abeilles)
Borago officinalis

Famille : Boraginacées   **Origine :** Syrie
Parties utilisées : feuilles, fleurs

La plante doit son nom au latin *burra*, étoffe grossière à longs poils, et il remonte au Moyen Âge ; mais, en

D'autres plantes aromatiques

Syrie, on l'appelle *abu rach* (père de la sueur). La bourrache fut introduite en Europe au retour des croisades.

Les jeunes feuilles, qui ont un goût de concombre, se dégustent en salade, les plus vieilles en soupe. Les yogourts, les fromages à la crème et les vinaigrettes s'accommodent fort bien de la bourrache hachée. On peut en faire des omelettes, les frire dans une pâte, les préparer en hachis avec de la chapelure pour farcir des raviolis, ou les faire macérer pour aromatiser vins et vinaigres.

Les fleurs passées dans le blanc d'œuf et le sucre décorent les pâtisseries en remplacement des feuilles de menthe.

En phytothérapie, ce sont ses propriétés sudorifiques et son action diurétique qui sont appréciées.

Semez la bourrache directement dans le jardin. La plante se resème toute seule d'année en année si vous la laissez fleurir. Il lui faut un sol riche, léger et bien drainé et une exposition plein soleil.

Omelette à la bourrache (2 personnes)

Ingrédients

450 g (1 tasse) de feuilles de bourrache en fines lanières
4 œufs
60 ml (4 c. à soupe) de gruyère râpé
1 gousse d'ail finement hachée
2,5 ml (1/2 c. à thé) de thym
Fleurs de bourrache (facultatif)
Sel

Préparation

Battre les œufs, incorporer le gruyère et l'ail. Saler légèrement, ajouter le thym.

Ajouter les lanières de bourrache. Réserver 5 minutes.

Cuire l'omelette et la servir rapidement, avec des fleurs de bourrache (de couleur violette) pour décorer.

• CAPUCINE •

(fleur d'amour, cresson d'Inde, cresson du Mexique,
cresson du Pérou, fleur sanguine, poivre du Pérou)
Tropaelum majus

Famille : Tropaelolacées   **Origine :** Pérou
Parties utilisées : bourgeons, graines, feuilles, fleurs, tubercule

Originaire d'Amérique du Sud, la capucine apparaît en Europe au XVIe siècle sous le nom de fleur sanguine du Pérou.

Il est de plus en plus courant d'apprêter salades et desserts avec des fleurs comestibles, et la capucine est sans doute la plus employée. Elle ajoute un petit goût poivré aux préparations. Ses jeunes bourgeons remplacent aisément les câpres.

Le tubercule, séché au soleil, est consommé au Pérou et en Bolivie.

Les graines sont parfois utilisées en remplacement de celles de la moutarde.

En phytothérapie, la capucine est un stimulant, un expectorant, un antiscorbutique et un laxatif. On l'utilise en infusion pour soigner les bronchites et d'autres maladies respiratoires.

La capucine possède des racines fibreuses rampantes. On trouve deux variétés de capucine : la rameuse et la grimpante. Il lui faut un emplacement au soleil, ou à la mi-ombre, et un sol peu fertile. Elle pousse très bien dans les jardinières de nos balcons.

D'autres plantes aromatiques

• CÉLERI •

(ache des marais, grande ache, ache douce, ache odorante)
Apium graveolens

Famille : Ombellifères **Origine :** bassin méditerranéen
Parties utilisées : tiges, feuilles, graines

On trouve trace du céleri dans l'*Odyssée* d'Homère, sous le nom de *selenon*.

Dans la Rome antique, le céleri était un symbole de mort et était servi lors des funérailles.

Les côtes et les feuilles aromatisent les potages, les poissons, les ragoûts, les sauces, les salades, et peuvent être servies crues en hors-d'œuvre.

Les graines servent à l'élaboration du sel de céleri, qui peut être saupoudré sur les jus de tomate, les omelettes, les tartines grillées, etc.

Le céleri est bien connu pour ses propriétés diurétiques et dépuratives.

Le céleri pousse dans un sol riche et frais, à la mi-ombre ou en plein soleil. Il lui faut de fréquents arrosages.

Lorsqu'on le laisse fleurir, il porte de petites fleurs blanches.

• CITRONNELLE •

(poudre de sereh, verveine des Indes, mélisse, lemon grass)
Cymbopogon citratus

Famille : Poacées **Origine :** Asie du Sud-Est et
Partie utilisée : feuilles sud de l'Europe

Paracelse croyait que la citronnelle était une plante qui pouvait assurer l'éternelle jeunesse, ce que l'on a cru jusqu'au XVIIIe siècle.

Dans la cuisine asiatique, la citronnelle parfume les marinades, relève les salades et les viandes. On l'emploie dans les currys, avec les poissons et les soupes. Les feuilles séchées se consomment aussi en infusion.

On lui connaît des propriétés carminatives et relaxantes.

De préférence en pot, en plein soleil ou à la mi-ombre, la citronnelle demande un sol riche et fertile; ajoutez régulièrement du compost. Il faut garder la citronnelle en serre pendant l'hiver.

• CONSOUDE OFFICINALE •
(grande consoude, herbe à la coupure, langue-des-vaches, oreilles d'ânes, crâsse rècène)
Symphitum officinale

Famille: Borraginacées **Origine:** Europe
Parties utilisées: feuilles, racines

Son nom provient de ses capacités à accélérer la consolidation des fractures.

La racine de consoude est utilisée comme condiment; néanmoins, crue, elle a un goût de savon.

Certaines personnes utilisent les feuilles fraîches dans les potages ou en salade, mais en raison de leur texture très râpeuse, elles ne sont guère consommées dans ce sens. On les préfère plutôt séchées, en infusion.

L'abus de consoude peut être très toxique à cause de la présence d'un alcaloïde (pyrrolizidine) dommageable pour le foie. Son utilisation est controversée sur le plan de la toxicité. Deux types de consoude sont interdites au Canada: la consoude rugueuse et la consoude voyageuse. Un avertissement de Santé Canada précise d'ailleurs qu'il vaut mieux s'abstenir d'en consommer, que ce soit en infusion ou sous forme homéopathique.

La consoude est une plante vivace de zone de rusticité 3. Elle pousse en plein soleil ou dans une zone mi-ombragée.

Il lui faut un sol riche et humide. Elle demande de grandes quantités d'eau. Elle est souvent utilisée pour accélérer la décomposition du compost. Elle est sensible à la rouille et à l'oïdium.

• ÉPAZOTE •
(thé du Mexique, chénopode fausse-ambroisie, ansérine)
Chenopodium ambrosioides

Famille : Chénopodiacées **Origine :** Amérique centrale
Parties utilisées : feuilles, fleurs, fruits

Connue en Amérique centrale sous le nom de *epazôtl*, on trouve aujourd'hui l'épazote aussi bien en Europe que dans toute l'Amérique du Nord.

L'épazote possède un goût assez prononcé de menthe, de citron et de myrte. Les fruits verts ont le plus de goût. Les graines de l'épazote sont utilisées pour leurs propriétés toniques et vermifuges, notamment contre les vers intestinaux.

L'épazote est employée en cuisine mexicaine pour assaisonner les plats à base de fèves noires, de maïs, de poisson, et les bouillons de viande.

Depuis quelques années, on soupçonne cette plante d'être toxique à forte dose et de provoquer des allergies.

• ÉPINE-VINETTE •

(épine aigrette, oseille des bois, oxyacantha, vinettier, épine-crête)
Berberis vulgaris

Famille : Berbéridacées **Origine :** Europe
Partie utilisée : baies

En Égypte de l'Antiquité, les baies d'épine-vinette macérées avec des graines de fenouil faisaient baisser la fièvre.

La plante fut introduite aux États-Unis par les colons, et les Amérindiens Catawbas l'utilisèrent pour soigner les ulcères d'estomac.

La confiture d'épine-vinette est une spécialité française. Ses baies mûres sont employées en confiserie, en pâtisserie et avec le gibier à la place des canneberges (airelles).

Vertes, elles entrent dans la préparation de sauces piquantes et aigres-douces pour relever les viandes d'une petite pointe acidulée.

En mélangeant les baies à de l'eau-de-vie, on en fait une boisson proche du ratafia.

On reconnaît l'efficacité de l'épine-vinette contre les désordres de la voie biliaire, pour traiter les problèmes du foie, les inflammations de la vésicule biliaire, les désordres gastro-intestinaux et l'hypertension.

Il ne faut jamais consommer d'épine-vinette durant la grossesse.

D'autres plantes aromatiques

• FENOUIL •

(aneth doux, anis doux, queue de pourceau)
Foeniculum vulgare

Famille : Ombellifères   **Origine :** Italie
Parties utilisées : bulbes, tiges, feuilles, graines

En Égypte, les esclaves et les ouvriers bâtisseurs des pyramides recevaient du fenouil en guise de stimulant.

Le fenouil a donné son nom à la ville de Funchal, sur l'île de Madère.

Le fenouil est la plante aromatique par excellence pour les poissons, notamment avec le loup. Les graines aromatisent les viandes rôties, les légumes et certaines pâtisseries.

Dans les sauces, les choucroutes, avec les concombres et les câpres, pour parfumer un gâteau ou du fromage, le fenouil est parfait. Il entre aussi dans la fabrication de la chartreuse (anisette) et de l'absinthe.

Le fenouil possède des propriétés diurétiques et galactogogues (favorisant la sécrétion du lait).

Le fenouil est à la fois bon et beau. Son feuillage vaporeux fait merveille dans les massifs. Il produit de petites fleurs jaunes à la fin de l'été. Il aime les zones chaudes et ensoleillées ainsi que les sols fertiles mais bien drainés.

Poulet au fenouil (2 personnes)

Ingrédients
2 poitrines de poulet
30 ml (2 c. à soupe) d'huile d'olive
250 ml (1 tasse) de bouillon de poulet
1/2 fenouil (bulbe et tiges)
1 oignon
Sel et poivre
250 ml (1 tasse) de gruyère (ou d'emmental) râpé

Préparation

Faire dorer les poitrines de poulet à l'huile d'olive dans la poêle. Retirer et réserver au chaud.

Faire fondre l'oignon dans la poêle, puis ajouter le fenouil coupé en petits morceaux, avec un peu de feuillage. Remuer pour faire fondre (attention de ne pas laisser brûler).

Ajouter le bouillon de poulet. Cuire le fenouil. Lorsqu'il est presque cuit, remettre les poitrines de poulet dans la poêle et faire bien cuire le tout.

Verser le fenouil et l'oignon cuits dans un plat allant au four, déposer les poitrines de poulet sur le dessus. Saupoudrer de fromage râpé.

Cuire au four à 175 °C (350 °F) jusqu'à ce que le fromage soit bien doré. Servir bien chaud.

• HYSOPE •
(herbe de Joseph)
Hyssopus officinalis

Famille : Labiacées **Origine :** bassin méditerranéen
Parties utilisées : feuilles, tiges, fleurs

L'hysope a d'abord servi à purifier les temples et les zones réservées aux lépreux avant que les Grecs et les Romains s'en servent pour usage culinaire. Puis, ce fut au tour des moines de découvrir ses propriétés, notamment pour parfumer les liqueurs (chartreuse, bénédictine, pastis).

D'autres plantes aromatiques

Ce sont ses qualités digestives et antibactériennes qui ont séduit les cuisiniers. Que ce soit pour accompagner les farces, les volailles, le gibier et les viandes, l'hysope facilite la digestion de tous les plats lourds et gras.

Ciselée, l'hysope relève les soupes, les pommes de terre, les ragoûts, de son goût rappelant celui de la sauge et de la menthe.

En infusion, elle est recommandée pour lutter contre tous les problèmes des voies respiratoires.

Toutefois, l'hysope peut se révéler dangereuse pour les épileptiques et les personnes victimes de troubles nerveux.

L'hysope est une plante vivace, de zones de rusticité 4 et 5. Elle porte de jolies fleurs pourpres de juin à août. Elle pousse dans un sol léger, bien drainé, alcalin et en plein soleil.

• IMMORTELLE D'ITALIE •

(plante curry)
Helichrysum italicum

Famille : Astéracées

Origine : bassin méditerranéen, Australie, Afrique du Sud

Partie utilisée : feuilles

L'immortelle d'Italie fut utilisée pour purifier l'air lors de l'épidémie de grippe espagnole qui toucha la Corse en 1918. En fumigation, elle soigne encore les rhumes et protège les fromages des mouches.

L'arôme de cari qui se dégage des feuilles de l'immortelle d'Italie permet de la substituer aux feuilles de cari dans les omelettes, avec le poulet, dans les légumes à la vapeur, avec les poissons et pour parfumer le riz.

L'huile essentielle d'*Helichrysum italicum* s'utilise en massage pour atténuer les hématomes. Elle est très utilisée en parfumerie, notamment comme modificateur de certains arômes fruités.

• LAVANDE •

(lavande vraie, lavande femelle)
Lavandula officinalis

Famille : Labiacées   **Origine :** Perse
Partie utilisée : feuilles

Le mot « lavande » nous vient du latin *lavare* (laver), car cette plante servait à parfumer les bains des Romains. Elle fut implantée en Europe du Sud par les Phocéens.

Son usage culinaire est moins connu que son utilisation en parfumerie et en cosmétologie ; pourtant, ses qualités gustatives sont bien réelles.

Ainsi, les jeunes feuilles de lavande accompagnent bien les viandes fortes comme le gigot d'agneau, les poissons, les pommes de terre, les salades. Dans les desserts, notamment les glaces et les sorbets, les salades de fruits, elles ajoutent un petit goût acidulé. Les fleurs sont surtout utilisées en décoration.

En infusion, la lavande calme la toux ; on lui reconnaît des propriétés antiseptiques, antispasmodiques, carminatives, cicatrisantes, diurétiques, insecticides, stimulantes et sudorifiques.

Il faut éviter d'en consommer pendant la grossesse.

Plante vivace (pas toujours au Québec, vérifiez dans une pépinière), la lavande croît dans une zone de rusticité allant de 5 à 8, selon la variété. Il existe 28 espèces de lavande, la plus adaptée au Québec étant la lavande anglaise. Il lui faut une exposition plein soleil, un sol sablonneux mais fertile et bien drainé.

• LIVÈCHE •

(ache de montagne, céleri perpétuel, gaya à tige simple, herbe à Maggi)
Levisticum officinale

Famille : Ombellifères   **Origine :** bassin méditerranéen
Parties utilisées : racines, tiges, feuilles, graines

Très appréciée des Grecs et des Romains, la livèche est une plante dont la saveur rappelle celle du céleri.

Les Anglais l'ont baptisée *lovace* en raison de ses propriétés aphrodisiaques, et la livèche entre dans tous les philtres du Moyen Âge.

Autrefois, elle était réputée protéger le bétail des ensorcellements et des maladies. On enduisait d'huile les cornes des bœufs pour les faire tenir tranquilles.

Les racines séchées et moulues peuvent remplacer le poivre dans tous ses usages. Les tiges confites sont utilisées en confiserie et en pâtisserie. Les feuilles fraîches ou sèches relèvent les potages, les légumes et les salades. Cuite, la livèche se sert comme les épinards.

Les graines, au goût piquant, sont utilisées avec les légumes au vinaigre, les marinades et pour aromatiser les fromages frais.

La livèche est riche en vitamine C ; elle a fait partie des jardins d'herbes médicinales des monastères. Elle est fortement conseillée contre les troubles digestifs. Elle est diurétique, antiseptique et prévient les irritations de la gorge.

• MONARDE •

(baume d'abeilles, bergamote, thé d'Oswego, thé de Pennsylvanie)
Monarda didyma

Famille : Labiacées   **Origine :** Amérique du Nord
Parties utilisées : feuilles, fleurs

La monarde tire son nom du botaniste espagnol Nicolas Monardes. En Amérique du Nord, ce sont surtout les Amérindiens Oswego (nord du continent) qui ont utilisé cette plante au goût de bergamote (légèrement citronnée); les colons l'ont ensuite adoptée.

Les feuilles fraîches relèvent les jus de fruits et les punchs. Les pétales décorent les salades. On peut employer la monarde dans des recettes de bœuf, de porc, de veau et de canard. Les feuilles séchées sont utilisées en limonade ou en tisane pour combattre les toux tenaces, les maux de gorge, les nausées et les gaz intestinaux.

La monarde produit des fleurs rouges; certaines variétés fleuriront en blanc, d'autres en violet, d'autres encore en rose. Le feuillage dégage une odeur de menthe lorsqu'on le froisse entre les doigts.

La monarde se cultive dans un sol riche et humide, dans un endroit ensoleillé. Attention, c'est une plante sensible à l'oïdium. Elle attire les abeilles et les papillons.

• MYRTE •

(piment des Anglais)
Myrtus communis

Famille : Myrtacées   **Origine :** bassin méditerranéen
Parties utilisées : feuilles, tiges

Indigène dans tout le maquis méditerranéen, le myrte est surtout utilisé en Corse, en Sardaigne et en Sicile

D'autres plantes aromatiques

pour aromatiser le gibier à plumes et à poils ainsi que les viandes grasses. Les rameaux étaient jadis brûlés comme encens.

Le goût de la feuille de myrte rappelle celui du genièvre et du romarin. Les feuilles sont employées pour parfumer les viandes rôties ou braisées.

Par ailleurs, on l'emploie pour fabriquer la liqueur de myrte, spécialité corse.

En infusion, le myrte a des propriétés astringentes et est excellent pour combattre la diarrhée, les troubles digestifs ou urinaires, la cystite, la sinusite, la toux et même les hémorroïdes.

On le dit antiseptique et on l'emploie en usage externe pour guérir les blessures, les affections de la peau, notamment le psoriasis et l'herpès, et pour soigner les plaies et les contusions.

• ORTIE •

(lamier, archangélique, marachemin, ortie brûlante, ortie méchante, pain de poulet)
Urtica dioica

Famille : Urticacées   **Origine :** Eurasie
Partie utilisée : feuilles

Bien connue des Romains, mais surtout des Grecs qui l'ont baptisée *alkalyphe*, l'ortie a servi à soigner la toux, la tuberculose, l'arthrite, et à stimuler la repousse des cheveux.

La pratique de la flagellation thérapeutique avec des tiges d'ortie remonte également à l'Antiquité.

L'ortie se consomme dans les farces, en potage ou en salade, et parfois en infusion. Le pouvoir urticant des poils d'ortie est détruit par la cuisson et le séchage.

L'ortie a une haute teneur en chlorophylle; c'est la raison pour laquelle elle est employée comme colorant vert naturel dans les conserves de légumes.

Elle est utilisée pour traiter la goutte, l'asthme ou les rhumatismes. L'ortie est également hémostatique et elle traite les hémorragies. Autrefois, on l'utilisait pour soigner l'anémie et l'insuffisance cardiaque, pour soulager le rhume des foins, les entorses, les élongations musculaires, la tendinite, la névralgie, la sciatique, les brûlures, les hémorroïdes, les piqûres d'insectes, l'acné, etc.

Soupe d'ortie (4 personnes)

Ingrédients

- 15 ml (1 c. à soupe) d'huile de canola
- 1 échalote hachée
- 60 ml (1/4 tasse) de poireau finement haché
- 15 ml (1 c. à soupe) de farine
- 2,5 ml (1/2 c. à thé) de graines de fenouil
- 2,5 ml (1/2 c. à thé) de thym
- 1 litre (4 tasses) de bouillon de poulet
- 125 ml (1/2 tasse) de navets ou de panais
- 125 ml (1/2 tasse) de pommes de terre en dés
- 125 ml (1/2 tasse) de pousses d'ortie
- 2 feuilles de laurier
- 60 ml (4 c. à soupe) de crème à 15 %
- Sel et poivre

Préparation

Faire revenir le poireau et l'échalote dans l'huile de canola. Faire cuire les navets (ou panais) et les pommes de terre dans le bouillon de poulet, ajouter les herbes (sauf les pousses d'ortie et les feuilles de laurier). Ajouter les pousses d'ortie et le laurier, et laisser de 15 à 20 minutes de plus. Retirer le laurier et passer le tout au robot culinaire. Saler et poivrer. Verser dans quatre bols et ajouter 15 ml (1 c. à soupe) de crème pour chaque portion.

D'autres plantes aromatiques

• OSEILLE •

(patience, surelle, vinette)
Rumex acetosa

Famille : Polygonacées **Origine :** Eurasie
Partie utilisée : feuilles

Déjà connue en Égypte pharaonique, l'oseille est toujours au menu des mets égyptiens actuels. Les Grecs et les Romains de l'Antiquité l'appréciaient pour son acidité qui facilitait la digestion.

L'oseille est cultivée en Europe depuis le Moyen Âge. Riche en fer et en vitamine C, cette plante relève bien les salades, les potages, les viandes, les volailles, les omelettes, les poissons et, surtout, le saumon.

Elle a des propriétés rafraîchissantes, revitalisantes, digestives, dépuratives, diurétiques, antiscorbutiques et laxatives.

Attention, elle ne doit pas être consommée si vous souffrez de ces maux : affections pulmonaires, asthme, problèmes gastriques, arthrite, rhumatisme, coliques néphrétiques.

Ne faites pas cuire votre oseille dans une casserole de cuivre, car elle l'abîmera à coup sûr.

L'oseille a besoin d'une exposition mi-ombragée. Trop de soleil et de chaleur lui donne un goût amer. Elle ne résiste pas aux hivers québécois, il faut en replanter chaque année.

Elle peut être cultivée à l'intérieur, mais il faut au minimum cinq heures d'ensoleillement par jour ou douze heures de lumière artificielle.

Que ce soit à l'extérieur ou à l'intérieur, le sol doit être maintenu humide.

Les feuilles se récoltent en tout temps de l'année, avant la floraison.

• PETITE PIMPRENELLE •

(sanguisorbe)
Sanguisorba minor

Famille : Rosacées **Origine :** Europe du Nord
Partie utilisée : feuilles

Très prisée des jardiniers et des gastronomes britanniques, la petite pimprenelle fut introduite en Amérique du Nord par les colons anglais.

Ce sont les jeunes feuilles tendres et crues qui sont utilisées en cuisine. Leur goût de concombre rehausse bien les salades, les beurres aux herbes, les fromages frais ; elles servent également à aromatiser les potages et peuvent s'utiliser en décoration. Un mariage petite pimprenelle, romarin et estragon constitue une excellente combinaison.

La petite pimprenelle est diurétique, stimulante et digestive. Riche en vitamine C, elle combat les troubles intestinaux et les diarrhées en plus d'arrêter les hémorragies et de favoriser la cicatrisation.

Cette plante vivace s'accommode d'une zone 4, d'une exposition plein soleil ou mi-ombragée et d'un sol de préférence calcaire. Elle se reproduit par autogermination.

• PLANTE CAMÉLÉON •

(caméléon, houttuynie panachée, gymnotheca)
Houttuynia cordata chameleon

Famille : Saururacées **Origine :** Asie de l'Est
ou Pipéracées
Parties utilisées : feuilles, fleurs

Au Vietnam, elle est connue sous le nom de *vap ca* ou *giap ca*. Il s'agit en fait d'un couvre-sol qui présente

D'autres plantes aromatiques

des fleurs en forme de cœur. En anglais, on l'appelle aussi *fishwort*.

C'est son goût de coriandre et d'orange prononcé qui en fait la renommée. En cuisine vietnamienne, les feuilles et les fleurs sont utilisées pour relever la salade de concombres, de fèves germées, de menthe, de tomates. Elle est meilleure avec une vinaigrette citronnée.

Elle peut aussi être servie fraîche ou à l'étuvée, avec des œufs de cane ou de caille.

Les feuilles macérées accompagnent surtout les viandes sauvages ou le poisson.

On peut aussi utiliser cette plante pour relever les sauces aux fruits de mer.

Au Japon, ce sont ses boutons qui sont particulièrement appréciés pour traiter les affections de la peau.

La plante caméléon a besoin d'un sol frais, humide, voire détrempé. Elle pousse même mieux dans les eaux peu profondes. Il lui faut un emplacement allant de la mi-ombre au plein soleil. Pour survivre à nos hivers, elle a besoin d'une bonne couverture de neige.

Elle peut se cultiver dans un pot de bon diamètre. Dans d'excellentes conditions, elle peut atteindre une quarantaine de centimètres de haut.

• POURPIER •

(pied de poulet, pourpier potager)
Portulaca oleracea

Famille : Portulacacées   **Origine :** Inde, Perse
Parties utilisées : feuilles, fleurs, bourgeons, graines

Le pourpier est consommé depuis plus de 2 000 ans. En Égypte antique, il a été utilisé comme légume, mais aussi en tant qu'épice et plante médicinale.

Introduit en Europe par les Anglais au XVIe siècle, le pourpier revient de plus en plus à la mode en ce début de XXIe siècle.

Les feuilles du pourpier sont parfois ajoutées aux salades et entrent dans la composition de farces mais, le plus souvent, ce sont les jeunes boutons confits au vinaigre qui sont consommés, en remplacement des câpres.

De nos jours, le pourpier entre dans la composition du mesclun vendu dans nos supermarchés.

Crues, les tiges et les feuilles dégagent une saveur acidulée. Elles sont croquantes et juteuses.

Cuites, elles se préparent comme des haricots verts. On peut conserver les boutons dans le vinaigre, comme des câpres.

Les graines peuvent être consommées comme des céréales.

Le pourpier est riche en vitamines B et C, en fer et en oméga-3.

Il faut pendre garde à ne pas confondre le pourpier et son cousin, le pourpier ornemental (*Portulaca grandiflora*).

On reconnaît au pourpier des propriétés anticholestérol, anti-inflammatoires, diurétiques, vermifuges ; il prévient également l'hypertension.

Le pourpier demande un sol bien drainé, une exposition ensoleillée, mais un terrain bien irrigué. Il aime la chaleur et ne supporte pas le gel.

• PRIMEVÈRE •

(coucou)
Primula elatior

Famille: Primulacées **Origine:** Europe
Parties utilisées: racines, fleurs

Très abondante en Europe, la primevère a souvent servi d'ersatz au clou de girofle. Les racines étaient alors séchées et moulues. Il existait autrefois en Bretagne, en France, un hydromel de primevère, à base d'eau, de miel et de fleurs.

Son petit goût citronné ajoute une touche originale aux desserts, notamment lorsque l'on sert de la confiture de primevères confectionnée avec les corolles des fleurs.

La racine de primevère a, pour sa part, un goût d'anis.

Les jeunes feuilles crues ajoutent une touche piquante à une salade composée. Les feuilles peuvent aussi relever une soupe ou être servies en légume. Pour les desserts et la décoration des plats, on utilise les fleurs.

La primevère a des propriétés expectorantes. Elle est utilisée contre l'agitation et l'insomnie et, bien sûr, pour calmer la toux.

Elle est très riche en vitamines, en minéraux, en fibres, et pauvre en calories.

• RENOUÉE •

(poivre d'eau, persicaire brûlante, pique langue, piment aquatique)
Polygonum hydropiper

Famille: Polygonacées **Origine:** Asie
Parties utilisées: feuilles, graines

Après un détour par l'Europe, la plante fut introduite en Amérique du Nord. Au Québec, dans la région de

Valcourt, la renouée est considérée comme une plante menacée, alors que d'autres régions de la province la désignent comme mauvaise herbe.

Les jeunes feuilles sont utilisées pour leur goût piquant. Les graines, encore plus fortes, sont rarement employées et ne semblent pas avoir d'usage connu. La saveur de la renouée est plutôt citronnée. Elle s'emploie surtout dans la cuisine japonaise, dans les soupes, les salades et les sushis.

On la confond souvent avec sa proche parente, la coriandre vietnamienne (*Polygonum odoratum*), typique des cuisines vietnamienne, malaisienne et singapourienne.

• ROQUETTE •

(arugula)
Eruca vesicaria ou *Eruca sativa*

Famille : Crucifères   **Origine :** Europe du Sud, ouest de l'Asie

Parties utilisées : graines, feuilles, fleurs

La gastronomie antique faisait un abondant usage de la roquette, notamment en salade. Les Grecs et les Romains en étaient particulièrement friands. On lui attribuait d'ailleurs des vertus aphrodisiaques et médicinales. On la dotait aussi de pouvoirs presque magiques, puisqu'on la disait capable de lutter contre le venin du scorpion et d'éloigner la musaraigne.

La roquette était aussi employée comme contraceptif une fois les graines et les feuilles mélangées avec du vinaigre au miel. Son usage se poursuivra jusqu'au Moyen Âge.

Aujourd'hui, on consomme ses feuilles surtout en Italie, en France et en Égypte. Sa graine est utilisée pour faire une moutarde très piquante en Iran, en Grèce, en Espagne et en Inde.

La roquette sert surtout de condiment en raison de son goût mi-poivre, mi-noisette. Elle parfume les salades et le mesclun.

Il faut récolter les jeunes feuilles de 6 à 8 semaines après les semis, avant la floraison. Leur saveur épicée sera plus ou moins forte selon le moment de la récolte. Dans les sauces ou servie en légume, la roquette est de plus en plus présente sur les tables nord-américaines. Les fleurs sont également comestibles, même si on les utilise plutôt pour décorer les plats.

La roquette est riche en vitamine C, apéritive, antiscorbutique, dépurative, aphrodisiaque et diurétique.

Cette plante annuelle préfère une exposition légèrement ombragée, pour un sol riche et humide.

• RUE •
(herbe à la belle-fille, herbe de grâce, péganium, rue fétide)
Ruta graveolens

Famille : Rutacées **Origine :** Balkans
Parties utilisées : feuilles, graines

Longtemps utilisée par les Grecs comme talisman, contrepoison ou herbe médicinale, la rue a aussi eu droit de cité dans la Rome antique. Une légende raconte que la fille de l'empereur Titus mourut à cause des propriétés abortives de la plante. On disait toutefois qu'elle améliorait la vue.

On reconnaît à la rue le pouvoir d'éloigner les vipères dans les jardins du sud de la France.

Les graines de rue sont souvent employées avec du céleri et de la menthe pour préparer les marinades à gibier. La rue est amère, mais se marie bien aux poissons, aux œufs, aux fromages frais (en très petite quantité, car la plante a un degré de toxicité élevé). Les jeunes feuilles dégagent un arôme d'orange puissant et relèvent parfois le vin blanc et la bière, en Grande-Bretagne.

On lui reconnaît des propriétés hémostatiques et abortives. Il ne faut surtout pas en abuser.

Vivace, de zones 4-5, la rue a besoin d'une exposition plein soleil ou d'une ombre légère. Le sol doit être bien drainé et alcalin. Il faut étendre du paillis pour une protection hivernale. Son beau feuillage bleu-gris fait souvent fureur en haie basse ou en massif.

• SOUCI •

(calendule, safran du pauvre)
Calendula officinalis

Famille : Composées

Origine : bassin méditerranéen, Balkans, Afrique du Nord, Iran

Parties utilisées : fleurs, feuilles

En Inde, dans les pays arabes et en Grèce, voilà longtemps que le souci entre dans les préparations culinaires.

On en a également exploité la teinture jaune, extraite des fleurs, pour ajouter de la couleur et du goût à certains plats; on l'appelait alors le safran du pauvre.

En Europe, la plante est cultivée depuis le XIIe siècle, notamment pour ses propriétés médicinales : dans le but de provoquer les menstruations, pour favoriser la sudation en cas de fièvre et pour traiter la jaunisse.

Au XIXe siècle, un groupe de médecins américains l'utilisa pour traiter les ulcères d'estomac, les troubles du foie, la conjonctivite et les lésions cutanées superficielles.

Son nom vient du latin *kalendae*, premier jour du mois du calendrier romain. Cette plante doit son nom à sa capacité de fleurir chaque mois durant toute l'année.

Hachées, les feuilles de souci relèvent les omelettes, le fromage frais, les soufflés, les terrines de légumes, etc.

La fleur aromatise et colore les pâtisseries, le beurre, les sauces et les potages, le couscous, le riz. Les jeunes boutons, marinés dans le vinaigre, se dégustent comme des câpres.

Les feuilles en infusion ont un effet calmant et sudorifère. La décoction aide à la cicatrisation des plaies. On lui reconnaît des vertus pour traiter les inflammations de la peau, des muqueuses de la bouche et du pharynx, les plaies cutanées qui guérissent mal et les ulcères variqueux.

Le souci a la propriété de stimuler le foie et la vésicule biliaire, de soulager les douleurs menstruelles, de régulariser le cycle féminin, de combattre les infections et les inflammations gastro-intestinales, les blessures et les infections cutanées, les brûlures, l'eczéma, la conjonctivite, etc.

Il faut semer le souci à l'intérieur environ huit semaines avant les dernières gelées du printemps, puis le transplanter. Si vous préférez le semer directement au jardin, attendez pour ce faire une semaine après les derniers risques de gel.

Pour consommer les fleurs, cueillez-les avant l'éclosion.

Le souci est une plante annuelle qui a besoin d'une exposition plein soleil ou d'une ombre partielle et d'un sol riche.

LES CONDIMENTS

• AIL •
(mélasse du pauvre, rose puante, thériaque des pauvres,
thériaque des paysans)
Allium sativum

Famille : Liliacées **Origine :** Mongolie, Kirghistan
Parties utilisées : bulbes, feuilles

Quittant les steppes d'Asie centrale, c'est d'abord par les régions méditerranéennes et l'Égypte que l'ail a commencé son périple autour de la terre. Considéré comme une panacée, on l'utilise pour ses vertus thérapeutiques, pour éloigner les vampires ou comme aphrodisiaque. Celse, Discoride, Hippocrate, Avicenne, Galien, tous les grands médecins de l'Antiquité romaine et grecque ont reconnu ses vertus contraceptives, bactéricides, diurétiques, laxatives, vermifuges, antitussives. Aujourd'hui, les chercheurs se penchent sur ses effets protecteurs contre les maladies cardiovasculaires.

En Égypte ancienne, les ouvriers bâtisseurs des pyramides recevaient des rations d'ail pour décupler leurs forces. Chez les Assyriens et les Babyloniens, les ouvriers des chantiers de construction ne s'en privaient pas, pas plus que les lutteurs athéniens et les gladiateurs romains qui y puisaient courage et force.

Les jeunes feuilles aromatisent très bien les salades, les omelettes ou les fromages frais.

On prête à l'ail de nombreuses qualités médicinales ; il est antiseptique, bactéricide, antidiabétique, hypotensif, expectorant, et très efficace contre les vers intestinaux et comme purgatif.

Pour contrecarrer la mauvaise haleine due à la consommation de l'ail cru, il suffit de mâcher des graines de cardamome, de café, de coriandre ou d'anis. Si l'on enlève le germe central de la gousse, l'ail devient plus digestible.

Le bulbe d'ail est composé de plusieurs gousses (ou caïeux). Il faut planter les gousses une à une, à 2,5 cm de profondeur et espacées de 15 cm. Il est possible de planter l'ail tant au printemps qu'à l'automne ; cette dernière saison garantit toutefois une meilleure réussite.

Têtes d'ail au four (6 personnes)

Ingrédients

45 ml (3 c. à soupe) de beurre
6 têtes d'ail
90 ml (6 c. à soupe) de lait ou d'eau
Sel et poivre noir du moulin

Préparation

Avec un petit couteau pointu, faire une entaille sur le dessus de la tête d'ail et dans chaque gousse pour les dégager légèrement. Retirer les premières pelures.

Beurrer un plat allant au four, pas trop grand. Ranger les têtes d'ail l'une contre l'autre, sans trop les serrer. Préchauffer le four à 200 °C (400 °F). Ajouter une petite noisette de beurre sur chaque tête d'ail. Saler et poivrer. Cuire au four une trentaine de minutes.

Sortir le plat du four et baisser la température à 150 °C (300 °F). Arroser les gousses d'ail avec le lait (ou l'eau). Remettre au four et cuire pendant 1 h 30. Retirer du four et servir.

Chacun pèle ses gousses d'ail et les fend pour en dégager la pulpe fondante.

Servir avec une viande grillée ou du fromage blanc non affiné (quark, petit suisse ou autre).

Soupe à l'ail (6 personnes)

Ingrédients

1,5 litre (6 tasses) d'eau
7 gousses d'ail pelées et écrasées
Sel et poivre
5 ml (1 c. à thé) de muscade
2 œufs
500 ml (2 tasses) de lait
75 ml (5 c. à soupe) d'huile d'olive
125 g (1/4 lb) de mie de pain rassis

Préparation

Faire chauffer l'huile dans la casserole et y mettre l'ail écrasé. Mélanger à la cuillère de bois et laisser légèrement dorer. Ajouter l'eau, le sel, le poivre, la muscade et mélanger. Laisser bouillir doucement pendant 20 minutes.

Ajouter le lait et ramener à ébullition. Ajouter la mie de pain et bien mélanger. Saler et poivrer de nouveau, si nécessaire.

Battre les œufs entiers, et incorporer peu à peu à la soupe en fouettant bien. Ne pas faire cuire plus longtemps. Servir immédiatement.

• AIL D'ESPAGNE •

(échalote d'Espagne, grelot, oignon d'Égypte,
ail rouge des Provençaux, rocambole)
Allium scorodoprasum

Famille : Liliacées   **Origine :** Asie centrale, Égypte
Partie utilisée : bulbilles (bourgeons arrondis)

Autrefois consommé par les soldats romains en campagne, l'ail d'Espagne avait la réputation de fortifier.

Les bulbilles sont comestibles et rentrent dans la préparation des *pickles* anglais. Le bulbe a moins de saveur que celui de l'ail cultivé. On trouve l'ail d'Espagne dans les épiceries spécialisées. Il se cuisine comme un légume. Il agrémente très bien les salades.

Les condiments

Le bulbe est plutôt employé en phytothérapie, pour réguler la flore intestinale ou pour désinfecter les plaies en usage externe.

Le bulbe peut parfois atteindre la taille d'un pamplemousse.

• AIL DES OURS •
(ail sauvage, ciboulette des ours, ail des bois)
Allium ursinum

Famille : Liliacées   **Origine :** Asie, Europe, Amérique du Nord

Parties utilisées : bulbes et feuilles

Il s'agit de la variété sauvage de l'ail cultivé. Depuis 1995, l'ail des ours figure sur la liste des espèces protégées au Québec. Son commerce est interdit et seule sa récolte en petite quantité (50 bulbes) est autorisée aux fins de consommation personnelle. Son nom lui a été donné lorsqu'on a constaté que les ours s'en délectaient au printemps en sortant de leur période d'hibernation.

Ses feuilles récoltées au printemps avant la floraison sont appréciées pour assaisonner les salades. Le bulbe sert de condiment. L'ail des ours est utilisé dans les régimes amaigrissants.

On l'utilise en phytothérapie. Il a des propriétés assez proches de l'ail commun. Il fait baisser la tension artérielle et prévient l'artériosclérose. Il soulage les douleurs d'estomac en plus de faciliter la digestion. On s'en sert également contre les diarrhées, les coliques et les indigestions. On lui reconnaît des vertus anticancéreuses et il est réputé augmenter les défenses immunitaires.

L'ail des ours pousse souvent en tapis denses et vastes. Il se plaît plutôt dans les sols argileux et riches en humus. À l'état sauvage, on le trouve surtout dans les forêts de feuillus, de hêtres, et au bord de l'eau. Ses jolies fleurs blanches dégagent une odeur fétide.

• ALLIAIRE •
(herbe à l'ail, pied d'âne, alliaire officinale)
Alliara petiolata

Famille: Brassicacées   **Origine:** Europe
Parties utilisées: feuilles, graines

L'alliaire n'appartient pas à la famille des aulx; cependant, elle contient une huile essentielle semblable à celle de l'ail. Autrefois, l'alliaire était utilisée en cataplasme car elle avait la réputation de cicatriser les plaies et de guérir les contusions.

Cette plante a probablement été introduite au Canada à des fins médicinales et à titre de légume vert (Cavers *et al.*, 1979; Duke, 1992). Au Canada, on l'a vue pour la première fois à l'état sauvage à Toronto en 1879.

Les feuilles de cette plante crucifère sont appréciées pour leur goût d'ail. Elles relèvent très bien les salades et les sauces froides, et ne rancissent pas. Les feuilles crues peuvent être hachées comme le persil. Il vaut mieux s'en servir jeunes alors que le plant n'a pas encore fleuri. Par contre, l'alliaire ne supporte pas la cuisson, y perdant son odeur d'ail et devenant amère.

Vous pouvez utiliser les fleurs pour décorer vos plats.

Les graines de l'alliaire, piquantes, sont parfois utilisées comme épice.

L'alliaire est une plante sauvage qui pousse la plupart du temps dans les terrains vagues, les terres en friche, sur le bord des chemins. Elle s'accommode surtout d'une zone mi-ombragée.

Les condiments

• ANETH •

(aneth odorant, dill, fenouil bâtard)
Anethum graveolens

Famille : Ombellifères   **Origine :** Moyen-Orient, Afrique du Nord

Parties utilisées : graines, feuilles, fleurs

Symbole de vitalité pour les Romains, l'aneth a toujours accompagné les gastronomes. On trouve une mention de l'aneth dans un traité égyptien qui remonte à plus de 5 000 ans.

Au Moyen Âge, l'aneth est entré dans la composition de nombreuses potions et décoctions, car il avait la réputation de préserver de la sorcellerie.

L'aneth est un aromate qui fait des merveilles avec les poissons (saumon, hareng), les crustacés, les fruits de mer et dans les sauces froides. On peut aussi le déguster avec une omelette. Toutefois, il faut éviter de le faire cuire, ce qui aurait pour effet de lui faire perdre tout son arôme.

On se sert des graines pour aromatiser les vinaigres, les cornichons et les salades. En marinade, il est utilisé pour le poisson et le hareng.

Il accompagne également très bien les blanquettes et les grillades, les betteraves et les pommes de terre.

Il vaut mieux utiliser l'aneth frais ou séché, et ne jamais le faire bouillir.

On le confond souvent avec le fenouil, dont il a le petit goût anisé.

Les fleurs d'aneth de couleur jaune-vert sont utilisées pour parfumer les olives.

L'aneth est diurétique et antispasmodique. Il a aussi la capacité de prévenir les gaz, notamment en infusion, car il facilite la digestion. Les graines d'aneth ont la réputation de combattre le hoquet.

L'aneth croît bien en plein soleil, à l'abri des vents violents. Il lui faut un sol léger, bien drainé et fertile. C'est une plante rustique en Europe, mais pas au Canada, car elle ne supporte ni le froid ni l'humidité.

Trempette à l'aneth

Ingrédients

5 oignons verts émincés
15 câpres
250 ml (1 tasse) de yogourt nature
30 ml (2 c. à soupe) d'aneth frais, émincé
5 ml (1 c. à thé) de graines d'aneth
10 ml (2 c. à thé) de jus de citron
5 ml (1 c. à thé) de bouillon de légumes
Poivre

Préparation

Mélanger tous les ingrédients et servir frais.

BIGARADE ou ORANGE AMÈRE
(bergamotier, bigarde, citronnier, limette acide, orange sauvage, orange de Séville)
Citrus aurantium

Famille : Aurantiacées (Rutacées) **Origine :** Chine
Parties utilisées : écorce, feuilles, fruits

La culture des agrumes est mentionnée dans les chroniques chinoises 2 500 ans avant notre ère. Il existe aujourd'hui des milliers de cultivars, dont la bigarade.

L'écorce de bigarade entre dans la préparation traditionnelle de fruits confits ou pour la vraie marmelade. On s'en sert aussi pour la fabrication de l'eau de fleur d'oranger.

L'écorce sert à préparer des boissons toniques amères qui portent le nom de *bitter* (*bitter lemon*) ou des liqueurs comme le curaçao. L'huile essentielle est utilisée en pâtisserie, en confiserie et dans l'industrie des liqueurs.

Les condiments

La distillation des feuilles donne le petit grain utilisé pour fabriquer des savons et de l'eau de Cologne, tandis que celle des fleurs permet de fabriquer le néroli, utilisé en parfumerie.

L'orange amère est reconnue comme un bon antibactérien, un cicatrisant cutané et pour favoriser la digestion. On lui attribue aussi des propriétés relaxantes et on la recommande en cas d'insomnie, de stress, d'anxiété ou de spasmes musculaires.

Le bigaradier, l'arbre qui porte les oranges amères, est très répandu comme arbuste d'ornement. L'hiver, il vaut mieux le garder dans une véranda non chauffée ou une serre froide (environ 5 °C). Il peut pousser en pleine terre dans les régions chaudes. Sa taille adulte peut aller jusqu'à 2 m. Le bigaradier a besoin d'une exposition plein soleil et d'un sol humide.

• CÂPRE •

(capotte, non-pareille)
Capparis spinosa

Famille: Capparidacées **Origine:** Asie du Sud-Est
Partie utilisée: bourgeons

Déjà, les Romains utilisaient les câpres pour parfumer les sauces. On trouve des câpriers dans tout le bassin méditerranéen.

Le mot «câpre» dérive de l'arabe *kabar*, et l'on trouve en grec *kapparis*.

Les câpres sont en fait des boutons floraux qui ne sont pas encore éclos. Les plus petites sont les meilleures.

Toujours conservées dans le vinaigre, elles perdent leur saveur et leur arôme en séchant.

Les câpres sont généralement utilisées avec le poisson ; par exemple, elles font merveille dans un bagel au saumon fumé.

Pendant longtemps, elles furent un remède contre le scorbut et les rhumatismes. On les a aussi longtemps crues aphrodisiaques.

Le câprier (*Capparis spinosa*) est un arbuste à croissance lente qui peut atteindre environ 1 m de haut à maturité. Il préfère les sols secs et rocailleux, et une exposition plein soleil. Les boutons sont récoltés à la main entre la fin du mois de mai et le début d'octobre. Il sert parfois d'arbrisseau décoratif et se décline en plus de 150 espèces. Il ne supporte pas de température inférieure à –8 °C, à condition d'avoir le pied couvert de paillis. Il peut être cultivé dans un très grand pot si les conditions climatiques extérieures ne se prêtent pas à sa culture en pleine terre.

Tapenade monégasque

Ingrédients
- 1/2 boîte d'anchois à l'huile d'olive
- 250 g (1/2 lb) d'olives noires dénoyautées
- 15 ml (1 c. à soupe) de câpres
- 45 ml (3 c. à soupe) d'huile d'olive
- 5 ml (1 c. à thé) de jus de citron
- 2,5 ml (1/2 c. à thé) de moutarde de Dijon
- 1 gousse d'ail écrasée

Préparation
Réduire tous les ingrédients en purée au mélangeur.

• CORNICHON •

Cucumis sativus

Famille : Cucurbitacées   **Origine :** Himalaya
Partie utilisée : fruits

On consomme le cornichon depuis plus de 3 000 ans. Il fut même accommodé avec du miel par le célèbre cuisinier romain Apicius, de façon à en atténuer l'amertume. Le cornichon doit son nom à sa forme de corne.

Conservé dans le vinaigre, ce petit concombre se sert avec les charcuteries, les viandes, le gibier, en amuse-gueule pour l'apéritif.

Les cornichons à la russe, plus gros, sont conservés dans la saumure ou encore dans le vinaigre avec de l'aneth et des grains de poivre.

Le cornichon ne contient aucune calorie : il est donc très apprécié dans les régimes minceur (à condition toutefois de ne pas le saupoudrer de sel).

• ÉCHALOTE •

(échalote de Jersey, échalote grise, échalote tête-de-veau, échalote française)
Allium ascalonicum

Famille : Liliacées   **Origine :** Palestine
Partie utilisée : bulbes

Son nom latin laisse suggérer que l'échalote nous vient d'Ascalon (en Palestine) d'où elle aurait été ramenée en Europe au temps des croisades.

L'échalote est plus douce et moins âcre que l'oignon. On utilise beaucoup l'échalote rouge en cuisine française, notamment dans les sauce bercy, béarnaise, diable, chasseur, dans le beurre blanc, etc. Elle peut être hachée pour relever les salades ou cuite pour aromatiser les poissons, les huîtres ou de nombreuses viandes, notamment l'agneau.

L'échalote grise a un bulbe allongé et une épaisse peau grise. Sa chair est blanc violacé.

L'échalote fluidifie le sang, combat l'hypoglycémie, est antibiotique, antiseptique, antiscorbutique, cicatrisante et diurétique.

• MOUTARDE •

(sanve, sénévé)
Sinapis alba

Famille: Crucifères **Origine:** Afrique du Nord
Partie utilisée: graines

La moutarde est connue depuis des millénaires en Afrique du Nord. Les Grecs et les Romains, qui la nommaient *sinapis,* mêlaient déjà des graines de moutarde au jus de raisin pour en faire une pâte bien relevée. Le nom «moutarde» vient aussi du latin *Mustum ardens,* qui signifie moût brûlant.

En Europe, c'est la ville de Dijon, en Bourgogne (en France), qui en a fait sa spécialité, et ce, depuis le XIIIe siècle. En fait, la Bourgogne, grande productrice de vin, a rapidement su transformer le vin tourné en vinaigre, et ce dernier a été utilisé avec de nombreux condiments.

Seules les préparations à base de moutarde brune ou de moutarde noire ont droit à l'appellation «moutarde».

Le plus important producteur de graines de moutarde est le Canada.

Que ce soit avec le lapin, le mouton, le bœuf, les moules, les coings, le poisson, les légumes, les volailles, en mayonnaise, en vinaigrette ou en sauce, la moutarde a de multiples usages culinaires. On peut l'utiliser en graines entières, en poudre ou encore en préparation, comme la moutarde de Dijon.

Pour la moutarde forte, on utilise des graines noires, moulues puis tamisées, additionnées de suc de raisin vert, de vin blanc, d'eau, de sel et d'épices.

La moutarde américaine (dite douce) est faite de graines blanches réduites en poudre, de vinaigre, de sucre, d'épices, surtout du curcuma pour la couleur safran.

• OIGNON •

(oignon commun, oignon blanc, oignon jaune,
oignon rouge, oignon espagnol)
Allium cepa

Famille : Liliacées **Origine :** Asie centrale
Partie utilisée : bulbes

L'oignon est cultivé depuis plus de 7 000 ans, notamment en Égypte, où il était consommé en grande quantité. Les Sumériens le cultivaient au IVe millénaire avant Jésus-Christ. À Rome, toutefois, l'oignon était réservé aux gens des classes inférieures.

Toutes les cuisines du monde ont intégré l'oignon dans leurs menus, malgré son odeur puissante. Il en existe une centaine de variétés : oignon jaune paille des Vertus (le plus répandu), oignon doux d'Espagne et des Bermudes, oignon rouge d'Italie, petits oignons blancs, etc.

Que ce soit en sauce, dans les ragoûts, les potages, les volailles, les viandes, avec des champignons, des légumes, poêlé, farci, pané ou dans le vinaigre, l'oignon a de multiples usages.

L'oignon est laxatif et diurétique ; il s'utilise également pour faciliter les sécrétions rénales, pour traiter les affections urinaires, le manque d'appétit, pour prévenir l'athérosclérose, pour abaisser les taux de glucose sanguin et pour traiter les infections bactériennes.

Soupe à l'oignon (2 personnes)

Ingrédients

2 gros oignons jaunes
15 ml (1 c. à soupe) de farine
15 ml (1 c. à soupe) d'huile d'olive
1 gousse d'ail émincée
625 ml (2 1/2 tasses) de bouillon de poulet
2,5 ml (1/2 c. à thé) de muscade
250 ml (1 tasse) de croûtons (à l'ail, si désiré)
125 ml (1/2 tasse) de fromage râpé (gruyère, emmental, au choix)
60 ml (4 c. à soupe) de parmesan

Préparation

Faire dorer les oignons à l'huile d'olive dans une casserole. Attention de ne pas laisser brûler. Ajouter l'ail émincé et cuire 1 minute de plus. Ajouter la farine, bien enrober l'oignon et l'ail.

Ajouter le bouillon de poulet et la muscade. Laisser cuire jusqu'à ce que les oignons soient transparents. Écumer si nécessaire.

Verser la soupe dans des bols allant au four.

Déposer les croûtons sur chaque bol; recouvrir de fromage râpé et de parmesan. Enfourner à 190 °C (375 °F). Laisser dorer sur le dessus. Servir bien chaud.

• RAIFORT •

(cran de Bretagne, cranson, moutarde allemande, moutarde des capucins, moutardelle)
Armoracia rusticana

Famille : Crucifères   **Origine :** Europe du Sud
Parties utilisées : racines, feuilles

Le raifort est souvent confondu avec le radis noir; pour le reconnaître, il faut s'attarder à sa chair qui est jaune.

Il fait partie des herbes amères de la tradition juive. Il était également connu des Égyptiens de l'Antiquité. Chez les Grecs, il s'agissait d'une plante aphrodisiaque.

Les condiments

Le raifort est très utilisé en cuisine allemande, est-européenne et alsacienne.

La racine de raifort se conserve bien dans du sable ou du vinaigre de vin blanc. Elle doit être achetée jeune et tendre, fraîche et ferme. Elle relève une sauce pour accompagner les viandes froides, les pot-au-feu, les bouillis et les poissons fumés. Râpée, elle agrémente la mayonnaise et le fromage frais.

Râpez la racine au moment de consommer; attention toutefois de ne pas le faire à la main, car les vapeurs qui s'en dégagent sont encore plus puissantes que celles de l'oignon.

On utilise les jeunes feuilles fraîches dans les salades composées.

Riche en vitamine C, le raifort est antiscorbutique, mais aussi diurétique, antibactérien et se montre un bon stimulant général.

Vivace en zone 5, le raifort demande une exposition ensoleillée, un terrain humide, riche et lourd. La racine se cueille à la fin de l'automne, après une deuxième année de floraison.

• WASABI •

(raifort du Japon, raifort vert, rose trémière des montagnes)
Wasabia japonica

Famille : Brassicacées   **Origine :** Japon
Parties utilisées : rhizome, feuilles

En japonais, le wasabi est la rose trémière des montagnes en raison de la similarité des feuilles. Le wasabi était fabriqué traditionnellement en râpant finement le rhizome sur une peau de requin. Les premières traces de culture du wasabi datent du xe siècle. Il entrait déjà dans la préparation de remèdes traditionnels. Il pousse à l'état naturel au Japon, dans le lit des ruisseaux de montagnes.

En raison de son goût puissant, très proche du raifort, le wasabi est utilisé avec parcimonie.

Au Japon, les feuilles hachées servent d'élément de décoration (comme notre persil). On trouve aussi le wasabi sous forme de poudre vert pâle ou de pâte préparée. Il est indispensable dans la cuisine japonaise, notamment pour les sushis et les sashimis.

Attention, toutefois, certains produits vendus sous le nom de wasabi ne sont que des imitations à base de raifort (c'est le cas du *seiyo wasabi* ou du *wasabi daikon*), de moutarde et de colorant.

Le wasabi perd ses arômes au séchage, donc l'acheter en poudre ou sous forme de rhizome sec n'est d'aucun intérêt.

Le sawa wasabi est un rhizome de culture semi-aquatique : c'est le meilleur et le plus beau. Le oka wasabi cultivé en champs est de moindre qualité.

On dit que le wasabi est antibiotique, anticancéreux, anticoagulant, antidiarrhéique, antiasthmatique et anti-inflammatoire. Il contient du potassium et du calcium.

D'AUTRES ARÔMES

• ARROW-ROOT ou MARANTA •

(fécule de maranta, fécule d'arrow-root, faux gingembre, dormeuse, pied de lapin)
Maranta arundinacae ou *Maranta leuconeura*

Famille : Marantacées **Origine :** Amérique du Sud
Partie utilisée : rhizome

Les Arawaks des Caraïbes utilisaient la fécule extraite du rhizome pour guérir les blessures par flèches empoisonnées ; ils la surnommaient *aru-aru*. En Guyane française, on la connaît sous le nom de *toloman*. Les Anglais lui ont donné son nom actuel *arrow-root*, qui veut dire « racine à flèches ».

Ne pas confondre avec l'arrow-root d'Inde, ou *Aircuma*, l'arrow-root du Queensland (extrait de la canne à sucre), l'arrow-root brésilien (tapioca, extrait du manioc), l'arrow-root de Floride (extrait du sago) et l'arrow-root hawaïen (extrait du pia).

Le maranta tient son nom du botaniste vénitien Bartolomeo Maranti (1500-1571). Son surnom de « dormeuse » lui vient du fait que ses feuilles se redressent à la tombée du jour.

La fécule extraite de la racine de maranta et réduite en une fine poudre blanche est utilisée pour épaissir les flans, les potages ou les sauces. En phytothérapie, on lui reconnaît des propriétés pour combattre la diarrhée. On l'emploie également dans les cures de désintoxication.

• ASARET •

(cabaret, oreille d'homme, rondelle)
Asarum

Famille : Aristolochiacées   **Origine :** Inde, Europe de l'Est
Parties utilisées : feuilles, rhizome

L'asaret est surnommé aussi cabaret, car les ivrognes l'utilisaient pour se faire vomir.

On emploie les feuilles, fraîches ou sèches, qui ont un goût prononcé de gingembre, ou le rhizome qui dégage une forte odeur de poivre. On peut utiliser l'asaret pour relever un plat ou les bouillons de fruits de mer. On s'en sert également en marinade pour les poissons.

L'asaret se cultive dans les zones mi-ombragées, ou à l'ombre, dans un sol riche en humus mais acide et bien drainé. L'asaret du Canada pousse bien dans la région de Montréal et en Outaouais.

• BAMBOU COMESTIBLE •

Dendrocalamus asper

Famille : Graminées   **Origine :** Chine, Inde
Parties utilisées : rhizome, bourgeons, graines

Le bambou fait son apparition en Europe, en serres, en 1730. En 1747, Mahé de la Bourdonnais donne à la Martinique des plants de bambou d'Inde, plus résistant que celui des Antilles. On trouve dans le monde environ 1 000 espèces de bambous, dont certaines peuvent atteindre 40 m de haut. Attention, tous les bambous ne sont pas comestibles, certains sont même de véritables poisons.

En cuisine asiatique, le rhizome du bambou est utilisé comme aromate ; son odeur de concombre et de melon est très appréciée. Les pousses de bambou sont des bourgeons comestibles. Ses graines sont utilisées comme condiment pour les currys et les chutneys indiens, ou sont consommées comme des céréales.

Les propriétés thérapeutiques du bambou sont reconnues pour traiter l'asthme et les maladies des voies respiratoires. Le bambou extrait de la tige est utilisé pour reconstituer le cartilage lors de maladies articulaires. Il permet d'éviter la déminéralisation, notamment celle qui résulte de la ménopause.

• CACAO •

(chocolat)
Theobroma cacao

Famille : Sterculiacées **Origine :** Amérique du Sud
Partie utilisée : fruits

Originaire de la presqu'île du Yucatan, au Mexique, le mot « cacao » nous vient de l'aztèque *tchocolatl*. Les Toltèques utilisaient aussi les fèves de cacaoyier comme monnaie d'échange, la consommation de cacao étant alors réservée à l'élite. Le premier Européen à consommer du cacao est Christophe Colomb, puisque cette mixture bien étrange lui fut offerte lors de son quatrième voyage pour son arrivée au Honduras (entre 1502 et 1504). C'est le conquistador Cortès qui ramena la précieuse fève en Europe. Le cacao fut introduit en Italie par Carletti au retour d'un voyage en Amérique en 1595. En France, le cacao arrive en 1679, par l'admiral d'Estrées qui le rapporta de Martinique.

Le cacao est l'un des aromates les plus utilisés en cuisine, notamment pour les préparations sucrées. Toutefois, on peut le trouver parfois avec des viandes ou des légumes ; c'est le cas au Mexique où on utilise le chocolat amer avec la volaille.

D'autres arômes

Le cacao pur est une bonne source de cuivre, de potassium, de vitamine B_{12} et de fer; c'est aussi une source très élevée de fibres. Il contient toutefois des excitants : la théobromine et la caféine.

Poulet au cacao (6 personnes)

Ingrédients

1 gros poulet de grain
3 tranches de bacon en morceaux
1 oignon rouge finement tranché
2 gousses d'ail finement tranchées
2,5 ml (1/2 c. à thé) de piment de Cayenne
1 ml (1/4 c. à thé) de cannelle
100 g (3 1/2 oz) de raisins secs
60 ml (4 c. à soupe) de bouillon de poulet
30 ml (2 c. à soupe) de cacao amer râpé
15 ml (1 c. à soupe) de crème à 35 %
30 ml (2 c. à soupe) de pâte de tomate
30 ml (2 c. à soupe) d'huile d'olive
100 g (3 1/2 oz) d'amandes effilées

Préparation

Sauce

Délayer le cacao dans la crème, ajouter la pâte de tomate et bien remuer. Réserver.

Couper le poulet en morceaux, le faire dorer dans un peu d'huile en ajoutant l'oignon, l'ail et le bacon. Saupoudrer de piment de Cayenne et de cannelle.

Lorsque le poulet est cuit, verser un peu de bouillon de poulet, la sauce au cacao sur le dessus et laisser mijoter quelques minutes de plus. Ajouter les raisins secs.

Faire griller les amandes dans un peu d'huile et en saupoudrer le poulet avant de servir.

• CADE •

(cadenelle, genévrier cade, cadier)
Juniperus oxycedrus

Famille : Cupressacées   **Origine :** bassin méditerranéen
Partie utilisée : baies

Le cade nous vient des îles de la Méditerranée, surtout de Corse et de Sardaigne.

Les baies sont utilisées pour remplacer le genièvre. Elles ont un goût prononcé qui se marie bien avec le gibier et les ragoûts.

D'une belle couleur rouge-brun à maturité, elles sont considérées comme toniques et diurétiques.

L'huile de cade sert à traiter certaines maladies de peau, notamment l'eczéma, tant chez les humains que chez les animaux. On trouve de l'huile de cade dans certains shampooings et produits de beauté.

Le bois de cade dégage une odeur un peu poivrée et est utilisé dans les armoires pour contrer les mites.

Le cadier est un arbuste aux feuilles en forme d'aiguilles portant deux rayures blanches. Ses grosses baies sont rougeâtres à maturité. Son bois, très dur, parfumé et imputrescible, est souvent utilisé pour des sculptures de bois.

D'autres arômes

• CAROUBE •

(carouge, pain de saint Jean-Baptiste, figuier d'Égypte, fève de Pythagore)
Ceratonia siliqua

Famille : Césalpiniacées   **Origine :** Arabie Saoudite
Partie utilisée : gousses

Le caroubier prospère dans les pays du bassin méditerranéen où il est connu depuis la plus haute antiquité.

Autrefois, les graines du caroubier ont servi de mesure de poids. Le mot « carat » (employé en bijouterie) vient de l'arabe *quirat*, la graine de caroube.

On obtient la poudre de caroube en séchant, en torréfiant et en moulant les gousses, débarrassées de leurs graines. Autrefois, on consommait cette poudre telle quelle, en farine, en boisson fermentée.

La gomme de caroube obtenue de l'enveloppe brune donne une substance utilisée comme épaississant (le E 412).

Au Portugal, la caroube sert encore de nos jours à enrichir l'alimentation des chevaux.

Elle est riche en calcium, en phosphore, en magnésium, en silice, en fer et en pectine. Elle est souvent utilisée comme substitut du cacao, car elle ne contient pas de théobromine ni de caféine. Elle est plus faible en matières grasses, mais deux fois plus riche en calcium et en sucre.

Grâce à sa teneur élevée en fibres, la caroube est souvent prescrite pour soulager diarrhées et constipation.

Le caroubier femelle doit être pollinisé par un caroubier mâle pour donner des fruits comestibles et sucrés. Toutefois, ces fruits n'apparaîtront qu'après 15 ans de bons soins. Un arbre en pleine production peut fournir entre 300 kg et 800 kg de caroubes par an.

Le caroubier a une croissance lente, mais il peut vivre 500 ans.

• CARTHAME •

(graine de perroquet, safran des prés, safran des teinturiers,
faux safran, safran mexicain, teinture jaune)
Carthamus tinctorius

Famille : Composacées   **Origine :** Moyen-Orient, Asie
Parties utilisées : fleurs, graines

Le carthame pousse à l'état sauvage dans plusieurs pays : Iran, Inde, Chine, Japon et même Australie. En hébreu, on trouve *kartami*, et *kartum* en arabe.

En Europe du Sud, on utilise surtout le carthame pour les propriétés colorantes de ses fleurs orange ou jaunes. Ce procédé a été inventé par les Asiatiques qui ont teinté la soie. Les Égyptiens en ont fait le même usage pour teindre les bandelettes des momies.

En cuisine, le carthame remplace le safran, notamment dans les currys. Il donne de la couleur aux aliments, mais aucun goût.

L'huile de carthame est extraite des graines, c'est la plus riche en gras polyinsaturés.

En phytothérapie, l'huile de carthame hydrate les peaux très sèches.

Le carthame pousse en plein soleil, dans un sol sec et pauvre.

• CÉDRAT •
Citrus medica

Famille : Aurantiacées   **Origine :** Asie du Sud-Est
Partie utilisée : fruits

Le cédrat est l'un des quatre aliments traditionnels des célébrations juives de Soukot et Rosh Hashana.

D'autres arômes

Arrivé d'Asie par la vallée de l'Indus, le cédrat s'est répandu en Irak avant de gagner tout le Moyen-Orient. Il est alors surtout utilisé en parfumerie, en huile essentielle et en contrepoison. Ce sont les navigateurs romains qui l'introduisent en Corse où, depuis, il est utilisé en cuisine, comme le citron.

C'est un fruit vert, très gros, d'environ 25 cm de circonférence. Son écorce est utilisée confite pour les pâtisseries. On s'en sert pour la confiture de cédrats et la liqueur de cédrat (typiques de la Corse).

• CHICORÉE •
Cichorium intybus

Famille : Composées   **Origine :** Moyen-Orient
Parties utilisées : feuilles, racines

Issu du grec *kikhorion*, son nom latin *Cichorium intybus* signifie « plante de janvier » ou « salade d'hiver ».

Poussant à l'état sauvage, la chicorée est l'une des plantes traditionnelles de la pâque juive ; les chrétiens, quant à eux, la considéraient autrefois comme aphrodisiaque.

La chicorée est une appellation qui coiffe plusieurs variétés bien connues comme la salade frisée, la scarole, l'endive qui font partie des légumes et non des aromates.

Seule la racine de chicorée est un aromate. Séchée et broyée, puis torréfiée, elle vient relever le café ou peut même le remplacer. On la trouve en morceaux broyés, en poudre ou en liquide, en extrait. Ajouter un trait de chicorée dans le lait ou l'eau bouillante est une tradition italienne qui s'est ensuite transmise à l'Allemagne, puis au nord de la France.

Un trait de chicorée dans le chocolat chaud, dans la pâte à crêpes ou à beignets donne une petite touche aromatique.

La chicorée est une plante tonique qui facilite la digestion, mais attention de ne pas en abuser car elle est laxative.

Ses petites fleurs bleues sont parfois utilisées pour concocter des lotions apaisantes pour les yeux.

Dans le jardin, il faut à la chicorée une zone de plein soleil, un sol riche, profond et meuble. Elle doit être bien arrosée, a besoin de compost mais peu d'engrais.

• CITRON •
(lime, poncire commun)
Citrus limonia

Famille: Rutacées   **Origine:** Perse (Iran)
Partie utilisée: fruits

Des traces de la culture du citron ont été découvertes en Iran et remontent à près de 7 000 ans. La culture du citron sera amenée dans le sud de l'Europe à l'époque des croisades. Ce sont les Espagnols qui l'introduiront dans le Nouveau Monde au XVIe siècle.

Le zeste de citron est souvent ajouté aux crèmes cuites, aux pâtisseries sucrées, aux pains, aux plats sucrés ou salés, comme le poisson et les viandes blanches.

Le citron vert est très utilisé dans les pays tropicaux, un peu moins dans les pays occidentaux.

Antiscorbutique par excellence, le citron contient une forte teneur en vitamine C.

C'est aussi un bon stimulant.

• NOIX DE COCO •

(coco)
Cocos nucifera

Famille : Palmacées   **Origine :** Mélanésie
Partie utilisée : fruits

Fruits du cocotier, aussi appelé arbre de vie, les noix de coco peuvent germer même après avoir dérivé plusieurs semaines en mer. Un cocotier peut vivre jusqu'à 300 ans. Il pousse généralement sur les zones côtières où la saison sèche ne dépasse pas trois mois.

Le nom « coco » est soit italien (*cocho*), soit portugais, selon les sources consultées. Il signifierait « croquemitaine » ou « singe ». Les noix de coco qui poussent aux Antilles ont été importées par les navigateurs européens. Il n'y avait aucune noix de coco dans les îles avant 1492.

L'eau et les fibres sont comestibles et rehaussent tant les plats sucrés que salés.

Pour obtenir du lait de coco, il faut laisser infuser la pulpe fraîche dans du lait, de la crème ou de l'eau chaude.

L'amande devient du coprah une fois séchée. La coque sert à fabriquer des bols et des instruments de musique.

Flan de coco des Comores (4 personnes)

Ingrédients

- 750 ml (3 tasses) de lait chaud
- 780 ml (3 tasses + 2 c. à soupe) de crème à 35 %
- 90 g (3 oz) de noix de coco râpée
- 5 œufs entiers
- 125 g (1/4 lb) de sucre
- 10 ml (2 c. à thé) de vanille
- 5 ml (1 c. à thé) de cannelle

Préparation

Mélanger les œufs et le sucre. Ajouter la vanille, le lait chaud, la crème.

Préchauffer le four à 120 °C (250 °F) et cuire au bain-marie dans des ramequins individuels, de 20 à 30 minutes. Laisser refroidir.

Saupoudrer un peu de cannelle dans chaque ramequin au moment de servir. Servir frais.

• COMBAVA •

(limettier hérissé)
Citrus hystrix

Famille : Rutacées   **Origine :** Inde
Parties utilisées : fruits, feuilles

Combava est un toponyme des Moluques, en Indonésie, où ce type de citronnier pousse à l'état sauvage, tout comme dans les îles de la Sonde (Bali, Sumatra, Java). Toutefois, il n'en est pas originaire, puisqu'il a été introduit dans ces îles au XVIIIe siècle, à partir de l'Inde.

Ce fruit est plus petit et plus acide que le citron. Il est vert et sa peau est très grumeleuse. L'arbre est rempli d'épines.

Le combava est très utilisé dans la cuisine de l'île de la Réunion. Le jus et le zeste, mais aussi la feuille du combava, servent à aromatiser les mets sucrés et salés ou à préparer une sorte de limonade. Ce fruit ajoute aussi une petite touche citronnée au rhum. La confiture de combavas est une recette typique de la Réunion.

En phytothérapie, on lui reconnaît des propriétés reminalisantes, toniques et dépuratives. Le combava est également renommé pour combattre le mauvais cholestérol et l'obésité. Il stimule l'action de l'estomac, du foie et du pancréas.

• CORNOUILLER MÂLE •

(corbier, cormier, cornier, courgellem, cornouille)
Cornus mas

Famille : Cornacées   **Origine :** Europe orientale
Partie utilisée : fruits

Une légende raconte que, lors du sabbat, les sorciers fabriquaient un redoutable poison avec l'écorce du cornouiller mâle, son cœur et ses graines additionnés de bave

D'autres arômes

de crapauds. En Europe centrale, on dit encore que ses fruits peuvent exaucer les vœux. Le bois de cornouiller a servi à la fabrication des javelots chez les Romains.

Les fruits du cornouiller, appelés cornouilles, entrent dans la composition de gelées accompagnant les viandes rôties et le gibier. En Grande-Bretagne, on trouve le *cornelian cherry* en marmelade.

Sa chair est molle, sucrée et riche en vitamine C.

Les fruits, rouges, ont des propriétés fébrifuges et astringentes. Ils sont de la grosseur d'une petite cerise.

• CYNORHODON •

(baie de Judas, fruit de l'églantier, gratte-cul,
rose du chien, rose des haies, rose sauvage)
Rosa canina

Famille: Rosacées **Origine:** Europe du Nord
Partie utilisée: fruits

L'églantier est, selon la légende, l'arbre auquel Judas se pendit. Depuis, on le surnomme aussi «rosier du diable», et ses graines portent parfois le nom de baies de Judas.

Dans la Vienne (région française), on dit que placer la fleur du rosier sauvage sur la tombe d'un mort porte malheur à la famille du défunt.

Une infusion des fleurs de l'églantier effectuée une nuit de pleine lune est un puissant philtre d'amour.

En Belgique, le fruit de l'églantier porté en collier par les jeunes enfants les met à l'abri des maladies.

Son nom de «gratte-cul» lui vient de ses poils qui ont servi de poil à gratter.

Avant d'être utilisé en cuisine, le fruit de l'églantier doit être débarrassé de ses graines. Le fruit sert surtout à faire des confitures et des gelées qui accompagnent bien le gibier.

La confiture de cynorhodon est très appréciée en Suède, où on la consomme aussi en tisane et même en soupe.

Riche en vitamine C, le cynorhodon est utilisé pour lutter contre les rhumes, les fièvres et les infections légères. On lui reconnaît également des propriétés pour renforcer les vaisseaux sanguins et les capillaires.

Soupe de cynorhodons (2 personnes)

Ingrédients
500 ml (2 tasses) de cynorhodons
1 litre (4 tasses) d'eau
5 ml (1 c. à thé) de sucre
10 ml (2 c. à thé) de fécule de maïs
1 pincée de sel
Eau, selon la consistance désirée
Crème à 35 % (facultatif)

Préparation
Faire cuire les cynorhodons dans l'eau jusqu'à ce qu'ils ramollissent. Jeter l'eau.

Passer les fruits dans un moulin à légumes pour en ôter la peau, les grains et les poils.

Ajouter de l'eau bouillante à la purée de fruits selon la consistance de votre choix. Saler et sucrer légèrement.

Remettre sur le feu.

Délayer la fécule de maïs dans un peu d'eau froide. Verser dans la soupe de fruits et porter à ébullition.

Servir la soupe, chaude ou froide. Vous pouvez y déposer une cuillerée de crème par assiette au moment de servir.

• GATTILIER •

(poivre des moines, agneau-chaste, poivre sauvage)
Vitex agnus-castus

Famille : Verbénacées **Origine :** bassin méditerranéen
Partie utilisée : fruits

On connaît les vertus thérapeutiques de la baie de gattilier depuis plus de 2 000 ans. Dioscoride (illustre médecin de la Grèce antique) rapporte que les graines de la baie servaient à la préparation d'une boisson destinée à calmer la libido. Au Moyen Âge, les moines du sud de l'Europe consommaient les baies afin de pouvoir mieux supporter les affres du célibat.

Le gattilier est de la même famille que la verveine.

Les fruits séchés ont un goût assez proche de celui du poivre et le remplace parfois, notamment dans le ras-el-hanout marocain. Il est légèrement amer et peu parfumé.

On lui reconnaît la propriété de soulager les symptômes du syndrome prémenstruel, mais il peut également traiter les irrégularités du cycle menstruel et les douleurs mammaires.

• GRENADE •

(pomme grenade, grenadier)
Punica granatum

Famille : Punicacées **Origine :** Iran
Parties utilisées : graines, fruits

On trouve plusieurs références au grenadier dans la Bible, où il est l'arbre de la connaissance. La grenade serait donc le fruit défendu.

On trouve aussi une trace de la grenade dans la mythologie, notamment le rapt de Perséphone, fille de Déméter et de Zeus. Hadès enlève la jeune fille tandis qu'elle cueille des fleurs. Il lui donne à manger une graine de grenade. Ainsi, comme tous ceux ayant consommé de la nourriture du royaume des morts, elle ne pourra plus jamais regagner la lumière. Elle deviendra la reine des enfers.

On utilise la grenade pour fabriquer le sirop de grenadine (même s'il n'entre que pour une faible part dans la préparation, car plusieurs autres fruits sont utilisés).

Les graines séchées de la grenade sont employées comme épice dans la cuisine végétarienne du nord de l'Inde (Punjab).

Confiture de graines de grenade (4 personnes)

Ingrédients
- 1 litre (4 tasses) de jus de grenade, frais
- 1 kg (4 tasses) de sucre
- 60 ml (4 c. à soupe) d'eau de rose
- 60 ml (4 c. à soupe) de pistaches décortiquées
- 60 ml (4 c. à soupe) d'amandes mondées
- 60 ml (4 c. à soupe) de raisins secs
- 5 ml (1 c. à thé) de poivre

Préparation

Presser les grenades pour en extraire le jus.

Garder les graines et les écraser à la cuillère pour récupérer le plus de jus possible.

Dans une bassine à confiture, verser le jus et le sucre, et cuire à feu vif au moins pendant 20 minutes (vérifier en plongeant une cuillère dans la préparation). Écumer.

Faire tremper les pistaches, les amandes et les raisins dans l'eau de rose. Les écraser. Ajouter le tout en fin de cuisson. Poivrer légèrement. Cuire deux minutes de plus.

Verser la confiture dans des pots stérilisés.

• HIBISCUS •

(bissap, oseille de Guinée, roselle, thé rose d'Abyssinie, carcadé)
Hibiscus sabdariffa

Famille: Malvacées **Origine:** Amérique centrale
Partie utilisée: calice

Découverte par les explorateurs européens en Amérique centrale, la plante fut introduite dans diverses régions tropicales. Les principaux producteurs actuels sont le Soudan, la Thaïlande, le Mexique et le Sénégal.

La plante existe sous deux variétés: l'une à calice rouge et l'autre à calice vert; c'est cette dernière qui est utilisée pour l'alimentation.

Les calices donnent une touche d'acidité aux sauces. Ils sont très utilisés en infusion chaude ou froide pour faciliter la digestion.

L'hibiscus est riche en vitamine C. On se sert de la variété rouge pour confectionner un sirop (bissap) pour aromatiser les desserts.

En Afrique, l'hibiscus est un condiment auquel on attribue une action favorable à la digestion et des propriétés légèrement laxatives et fortifiantes. On lui reconnaît également un effet antimicrobien, antifongique et antiseptique.

• KENKUR •

(galanga camphré, galangal, kha)
Kaempferia galanga

Famille: Zingibéracées **Origine:** fédération de Malaysia
Partie utilisée: rhizome

Kenkur est le nom malais de cette racine proche parente du gingembre. C'est une épice surtout utilisée en Indonésie. On la trouve parfois aussi dans les épiceries spécialisées occidentales sous forme de poudre. Elle peut porter le nom de *kha* en thaï et en indonésien.

La plante, présentant un feuillage de couleur bordeaux et de petites fleurs blanches, pousse en Afrique tropicale et dans le Sud-Est asiatique.

Le kenkur a un goût camphré assez fort ; certaines personnes trouvent même que cette épice a une saveur de médicament.

Les feuilles servent à faire un thé utilisé contre les maux de gorge, les rhumatismes et certaines maladies oculaires.

La poudre de kenkur aromatise le riz, auquel on ajoute une touche de menthe ou un soupçon de miel.

En Nouvelle-Guinée, la racine est traditionnellement reconnue comme étant un hallucinogène.

En médecine traditionnelle asiatique, on l'utilise pour augmenter la vitalité, pour réguler la circulation sanguine, pour stabiliser le système nerveux, pour combattre la mauvaise haleine et pour favoriser la digestion.

• KUMQUAT •

(fortunelle margarita, fortunelle japonica)
Citrus margarita ou *Fortunella margarita*

Famille : Rutacées   **Origine :** Chine, Malaisie
Partie utilisée : fruits

Le kumquat est le fruit d'un arbuste proche cousin du mandarinier. Il est cultivé pour ses petits fruits en Afrique, en Asie et au Brésil. Ce fruit se déguste entier, chair et écorce à la fois. Sa couleur varie de l'orangé au rouge-orangé.

C'est la plus petite variété dans la famille des agrumes. Le kumquat peut être macéré dans une eau-de-vie ou

D'autres arômes 137

du rhum. Il convient bien aux mousses, aux sorbets et aux confitures.

Vous pouvez également le confire pour décorer vos pâtisseries et entremets.

De la marmelade de kumquats se déguste avec le foie gras ou une poitrine de canard grillée au navet garnie d'une sauce aux feuilles de limette. En Inde, il entre dans la composition des chutneys.

Vous pouvez cultiver le kumquat en pot, dans un mélange de terreau et de terre noire, léger et bien drainé. Il lui faut une exposition plein soleil, par exemple en serre ou dans une véranda en hiver. Il doit être protégé du gel.

• MANGUE •

(manguier)
Mangifera indica

Famille : Anacardiacées **Origine :** Asie du Sud-Est
Partie utilisée : fruits

La mangue est le roi des fruits. Son nom vient du mot tamoul *mangkay*. Ce sont les Portugais qui, en s'installant en Inde de l'Ouest, lui donneront le nom de *manga* (mangue). Une légende raconte que Bouddha aimait se reposer et méditer dans la tranquillité d'une plantation de manguiers.

Dans la mythologie hindoue, le manguier a la particularité de réaliser les souhaits et est un symbole d'amour.

Ce fruit tropical est maintenant consommé partout dans le monde. Toutefois, son rôle aromatique est surtout d'usage dans le nord de l'Inde. Son goût légèrement aigre vient parfumer les plats de légumes. On le vend aussi séché et moulu.

On trouve également de la poudre de mangue verte dans une sauce à base de crevettes décomposées, spécialité des Philippines et de l'Indonésie.

Cette poudre (*amchoor,* de son nom hindou) a un goût aigrelet, un peu acide, et est utilisée pour attendrir les viandes. Elle relève notamment les okras (gombos), les salades, les dhals ou les chutneys.

La mangue est riche en vitamine C et en bêta-carotène. On lui reconnaît, entre autres, des propriétés antivirales, antiparasites, antiseptiques, antitussives, toniques, contraceptives, aphrodisiaques, laxatives et stomatiques.

• OXALIDE ou OXALIS •

(petite oseille, oxalis cornu, surette corniculée, pain des oiseaux)
Oxalis acetosella

Famille : Oxalydées **Origine :** Asie
Partie utilisée : feuilles

L'oxalide est le fameux trèfle que l'on trouve dans les pelouses ; on le rencontre aussi dans les forêts de hêtres. Il est l'emblème de l'Irlande.

De saveur moins prononcée que celle de l'oseille, l'oxalide ajoute une touche au goût de citron aux salades. On peut consommer les feuilles crues ou cuites, comme les feuilles d'oseille. On utilise beaucoup l'oxalide au Mexique, au Guatemala, en Inde et en Asie du Sud-Est.

Il s'agit d'une plante antiseptique, antiscorbutique, astringente et diurétique. Elle est riche en vitamine C. Attention toutefois de ne pas en abuser, car cette plante peut se révéler toxique.

D'autres arômes

• RÉGLISSE •
Glyssyrhiza glabra

Famille : Papilionacées **Origine :** Moyen-Orient
Partie utilisée : racines

On trouve la réglisse à l'état sauvage en Europe méridionale et au Moyen-Orient. En médecine traditionnelle chinoise, on l'utilise depuis des millénaires pour lutter contre les douleurs abdominales, la diarrhée, la toux, les abcès, l'hépatite, et pour contrer les vomissements. C'est également à cet usage que la recommandaient les médecins grecs et romains.

À la fin du XVIIIe siècle, une boisson à base de réglisse séchée et moulue vendue en France s'appelait coco parce qu'elle était servie dans une moitié de noix de coco.

Lavée, épluchée puis mise à sécher, la réglisse sert à fabriquer de l'extrait et de la gomme de réglisse souvent utilisés en confiserie ; de plus, elle colore et aromatise des liqueurs.

La racine épluchée et séchée est souvent vendue en bâton que les enfants européens prennent plaisir à sucer. On la trouve également en poudre.

La réglisse est en outre utilisée pour des sauces, notamment pour relever des légumes, du gibier à poils et à plumes, les poissons comme le thon et le brochet, ainsi que les crustacés comme le homard ou les crevettes.

Il ne faut pas abuser de la réglisse, car elle peut provoquer de l'hypertension artérielle.

Aujourd'hui, on lui reconnaît des vertus antispasmodiques, anti-inflammatoires et cicatrisantes, digestives, diurétiques, expectorantes, toniques des glandes surrénales, rafraîchissantes.

• ROCOU •

(achiote)
Bixa orellana

Famille : Bixaceae **Origine :** Amazonie, Amérique tropicale

Parties utilisées : racines, feuilles, graines

Le roucou est l'*urucul* des Tupi-Guarani d'Amazonie, l'*achiotl* en nahuatl (Mexique) ou l'*annatto* des Indiens Caraïbes et Arawak. Le nom de Peaux-Rouges donné aux Amérindiens vient du colorant obtenu du roucou dont ils s'enduisaient la peau.

Réduit en pâte, les premiers Européens en Amérique l'envoyèrent en Europe pour servir de colorant.

Le rocou est principalement utilisé comme colorant alimentaire, notamment pour le riz, l'huile et les fromages (cheddar, leicester, livarot). Il a peu de saveur. Sa poudre, parfois appelée poudre de tomate, va du jaune au rouge et sert à colorer fromages, boissons, huiles, beurre, soupes, céréales, margarine, sucreries, pâtes, glaces, et même les confitures (au Liban). Le roucou est typique de la cuisine des Philippines.

En Guadeloupe, le roucou est un ingrédient essentiel du court-bouillon.

On lui reconnaît des propriétés antioxydantes. Il est réputé protéger des rayons ultraviolets et contrer les affections et les brûlures de la peau. On l'utilise aussi comme antibactérien pour lutter contre les piqûres d'insectes, mais aussi en décoction de feuilles de rocouyer pour prévenir les nausées et les maux de tête (feuilles et racines). Le rocou peut être un allergène pour certaines personnes.

D'autres arômes

• SALICORNE •

(criste-marine, perce-pierre, cornichon de mer, fenouil de mer,
bâton d'eau de mer, pesse jaune, haricot de mer)
Salicornia europaea

Famille : Chénopodiacées   **Origine :** littoral atlantique
(Europe)

Partie utilisée : tiges

Fréquente dans les marais salants asséchés, la salicorne doit son nom à sa forme de renflements successifs se terminant par un mamelon saillant dit « corne de sel ». La cendre de salicorne fournit de la soude autrefois utilisée pour fabriquer du savon et du verre.

Lorsque les tiges de salicorne sont consommées crues, en salade, elles fournissent énormément de sels minéraux. On peut aussi les consommer cuites, comme des asperges.

La salicorne a un goût iodé, apprécié dans les crudités. Elle peut également se conserver dans le vinaigre.

Blanchie, la salicorne peut accompagner poissons, viandes, volailles. On peut la préparer en soupe, avec des pommes de terre, un soupçon de beurre et du poivre. Elle peut aromatiser la mayonnaise.

La plante est employée comme diurétique et vermifuge. Elle est très riche en vitamines A, C et D, en calcium, en silice et en zinc. L'huile essentielle obtenue par distillation est utilisée en cosmétologie pour ses propriétés anticellulite.

• SASSAFRAS •

(poudre de Filé, laurier des Iroquois)
Sassafras albidum

Famille : Lauracées   **Origine :** Sud des États-Unis
Parties utilisées : feuilles, racines

Le mot français dérive directement de l'espagnol *sasafras*. On connaît aussi cette épice sous le nom de *almàcigo,* qui signifie « bois ».

Ce sont les Choctaws, tribu amérindienne de Louisiane, qui ont, les premiers, utilisé cet arbre qu'ils considéraient comme un dieu en raison de sa hauteur qui peut atteindre jusqu'à 27 m.

Les feuilles ont autrefois servi à parfumer le thé. De nos jours, les jeunes feuilles, très tendres, peuvent entrer dans la composition d'une salade verte.

Vendues en poudre, les feuilles de sassafras servent d'épaississant pour les plats cajuns et créoles du Sud des États-Unis (on le trouve parfois sous le nom de poudre de Filé).

Il faut utiliser cette poudre juste avant de servir, et non pas la cuire, car la préparation deviendra visqueuse. Le sassafras peut être utilisé dans les soupes, les plats à base de poissons, de crustacés, avec le gibier, dans les ragoûts et les plats de légumes.

On le trouve notamment dans le célèbre gumbo de la cuisine cajun et créole. Le sassafras est parfois confondu avec le gombo (okra), légume visqueux également utilisé comme agent liant en cuisine africaine et créole.

À l'origine, la fameuse *root beer* était préparée avec des racines de sassafras.

Le sassafras a des propriétés diurétiques. Son utilisation se fait dans les cas de grippe, de fièvre, de rétention d'eau, de cellulite et de fatigue. Des recherches sont en cours pour l'utiliser contre les rhumatismes, le tabagisme et pour favoriser l'amaigrissement.

• SÉSAME •
(till)
Sesamum indicum

Famille : Pédaliacées **Origine :** Afrique (pour certains), Inde (pour d'autres)

Partie utilisée : graines

Voilà une graine bien mystérieuse, dont l'origine est très discutée. Quoi qu'il en soit, les Chinois, eux, la connaissent depuis 2 000 ans.

On trouve des traces du sésame en Mésopotamie, soit 2 350 av. J.-C. On en parle aussi en Égypte, 1 500 av. J.-C. Dans la Grèce antique, les soldats transportent des graines de sésame dans leurs rations. Les Romains en fabriquaient une pâte mélangée de cumin. Et en Turquie, l'extraction de l'huile de sésame est connue depuis plus de 3 000 ans, tout comme chez les Perses.

Le sésame arrive en Amérique du Nord au XVIIe siècle, avec les esclaves africains qui en rapportent des semences.

Le sésame est la graine d'une plante oléagineuse de haute taille, qui peut aller jusqu'à deux mètres. Les graines sont contenues dans des capsules qui ne s'ouvrent qu'à maturité.

Les pousses et les feuilles servent de légume en Afrique. Les graines, au goût de noisette, sont utilisées en pâtisserie (halva) ou pour préparer l'hoummos (avec des pois chiches) si prisé au Moyen-Orient. Les graines de sésame ajoutent un goût de noisette aux pains, aux salades, aux légumes, mais aussi aux viandes et aux pâtes.

Les graines noires sont surtout utilisées en cuisine asiatique, et les plus claires en cuisine orientale et européenne.

Riche en fibres, le sésame contient également de la lécithine, du calcium, du phosphore, du fer, du magnésium, de la silice, du chrome, du sélénium, des vitamines B, E et F, et un antioxydant, le sésamol, qui stimule la digestion et fluidifie le sang. La graine de sésame est émolliente, laxative, tonique et diurétique. On lui reconnaît des vertus antispasmodiques et anti-infectieuses.

• SHISO •

(basilic chinois, pérille)
Perilla frutescens

Famille : Labiées   **Origine :** Asie du Sud-Est
Parties utilisées : feuilles, graines

Le shiso, herbe aromatique de la cuisine japonaise, entre dans la préparation de la tempurah. L'aka shiso (rouge) et le ao shiso (vert) sont les deux variétés utilisées au Japon. Les graines et les boutons floraux sont connus sous le nom de *shisonomi*.

Le shiso sert d'agent conservateur et de colorant alimentaire pour le gingembre mariné (gari). Il est employé dans toutes les cuisines du Sud-Est asiatique.

Les feuilles se marient bien avec les crudités et dans les salades, sur une tranche de pain et de fromage ou de charcuterie, dans une omelette, une sauce ou une soupe. Les feuilles de shiso accompagnent tout autant la viande que le poisson et les plats de pâtes. Vous pouvez en mettre dans la crème fraîche, le fromage frais et le beurre. Il est souvent associé aux fruits de mer et aux crustacés, car il a des propriétés antiallergènes.

D'autres arômes

• SOJA •

(soya)
Glycine soja

Famille : Papilionacées   **Origine :** Mandchourie
Partie utilisée : fève

La fève de soja est probablement le plus ancien condiment chinois. On s'en sert depuis 2 000 ans, notamment sous son aspect liquide, la sauce soja ou *jiang*.

La recette de la sauce soja actuelle date du VIe siècle et se prépare par fermentation, pendant deux ans, de haricots de soja et de grains de blé.

Frais et consommé comme des petits pois, ou entrant dans la composition de tempeh, de tofu, de lait ou de sauce, le soja est désormais très présent dans la cuisine occidentale.

En Chine et dans toute l'Asie du Sud-Est, on trouve une pâte de soja qui sert de condiment et est très parfumée.

Riche en protéines et en fer, le soja est également un aliment qui élimine le mauvais cholestérol dans le sang.

• SOUCHET •

(amande de terre, chufa, souchet tubéreux, souchet sucré, souchet sultan)
Cyperus esculentus

Famille : Cypéracées   **Origine :** bassin méditerranéen
Partie utilisée : rhizome

Des tubercules de souchet ont été retrouvés dans des tombeaux égyptiens de la XIIe dynastie (2 000 ans av. J.-C.).

De la même famille que le papyrus, le souchet pousse au bord de l'eau.

146   Les épices, utilisations et propriétés médicinales

Les rhizomes jaunes de cette plante ont la forme et la taille d'une noisette. Ils entrent dans la composition de l'horchata (ou chouffa), une boisson espagnole de la région de Valence.

La couleur jaune qu'il dégage le fait parfois confondre avec le curcuma.

On peut aussi consommer les tubercules crus ou grillés. Ils ont un goût doux et sucré. Leur chair est farineuse.

Au Québec, le souchet est répertorié comme une mauvaise herbe, car il émet des substances toxiques qui agissent sur la culture du maïs et du soja. En France, certains jardiniers ont remis le souchet en culture.

• STÉVIA •
(herbe à sucre)
Stevia rebaudiana

Famille: Astéracées   **Origine:** Amérique du Sud
Partie utilisée: feuilles

Le stévia est un arbuste originaire du nord de l'Amérique du Sud (Brésil et Paraguay); de nos jours, il est cultivé tant en Amérique centrale, au Brésil, au Paraguay, en Uruguay qu'aux États-Unis, en Russie, en Israël, en Thaïlande, en Chine, au Japon et en Corée.

Ce sont les Guaranis d'Amazonie qui ont découvert les propriétés édulcorantes des feuilles de stévia. Au Brésil et au Paraguay, le stévia est donc utilisé depuis des siècles. Ce n'est toutefois qu'au début du XXe siècle que le monde occidental s'intéresse vraiment à cette plante. Alors que le Japon a interdit l'aspartame et la saccharine comme édulcorant depuis 1970, les États-Unis ont, pour leur part, interdit l'importation de stévia (probablement sous l'influence des compagnies américaines fabricantes d'édulcorants artificiels). Puis, en 1995, les États-Unis ont accepté que le stévia soit mis en marché, mais comme supplément

D'autres arômes

alimentaire, ce qui est aussi le cas au Canada et dans l'Union européenne.

Le stévia est vendu sous la forme de feuilles séchées, en poudre ou en liquide. En feuilles, son pouvoir édulcorant est de 10 à 15 fois plus élevé que le sucre raffiné, et de 100 à 300 fois plus élevé en poudre pure, et tout cela sans une seule calorie. Il faut l'utiliser avec parcimonie.

Des études japonaises et brésiliennes lui reconnaissent des propriétés pour tonifier le cœur, abaisser la tension artérielle, faire baisser le taux de glucose sanguin, stimuler la production d'urine (diurétique), remplacer le sucre dans les boissons et les aliments (édulcorant). Le stévia n'a pas le même goût que le sucre, il a plutôt un goût d'anis.

Certaines sources déconseillent le stévia aux femmes enceintes et à celles qui allaitent. Il pourrait provoquer des allergies chez les personnes allergiques aux plantes de la famille des astéracées (marguerite, pissenlit, chrysanthème, etc.).

• SUMAC •

(sumac des corroyeurs, vinaigrier)
Rhus coriaria

Famille: Anacardiacées   **Origine:** bassin méditerranéen
Partie utilisée: fruits

Le sumac est particulièrement utilisé en Italie, surtout en Sicile. Les fruits rouges, acides, sont séchés et moulus avant d'être ajoutés aux poissons, aux volailles, aux viandes grasses et au gibier. Les Romains utilisaient le sumac au même titre que le citron et le vinaigre.

Son surnom « sumac des corroyeurs » vient du fait que ses feuilles et son écorce sont riches en tanins et étaient donc utilisées pour le tannage des cuirs. Le sumac d'Amérique du Nord (sumac vénéneux) est toxique.

En poudre ou en graines entières séchées, le sumac est saupoudré directement sur les mets ou infusé, puis le liquide est ajouté au jus de cuisson. Il remplace aisément le citron, le tamarin ou le vinaigre lorsqu'il est infusé.

En poudre, il parfume poulets, viandes, brochettes. On l'utilise pour relever les pommes de terre, les betteraves, les haricots verts, ou encore en marinade.

Il entre dans la composition du zahtar, mélange du Moyen-Orient (sumac, sésame grillé, thym moulu). Il a des propriétés digestives et fébrifuges.

• SUREAU NOIR •

(arbre aux fées, haut bois, sambuc, susier)
Sambucus nigra

Famille : Caprifoliacées   **Origine :** Syrie
Partie utilisée : fleurs

Galien, un célèbre médecin de la Grèce antique, recommandait le sureau noir pour guérir les catarrhes ou les excès de mucus. Au XVIIe siècle, en Europe, on y avait recours pour calmer la toux et pour purifier l'organisme. L'eau de sureau avait aussi la réputation de clarifier le teint et d'atténuer les taches de rousseur.

Les fleurs fraîches aromatisent les compotes, les marmelades et les gelées accompagnant le gibier. Elles servent à l'élaboration du ketchup anglais. On peut aussi les utiliser pour les boissons pétillantes, les limonades, et pour aromatiser les fromages frais. Le sureau étant très employé comme colorant alimentaire naturel, on peut tout le trouver aussi bien dans les gelées, les sauces, les sorbets, les crèmes glacées que dans les jus de fruits. En France et en Belgique, on trouve de nombreux vins de fleurs de sureau.

En Italie, on en fait la réputée sambucca, liqueur transparente aromatisée aux baies de sureau, à l'anis et à d'autres herbes.

D'autres arômes

Le sureau noir est reconnu pour traiter la bronchite, le mal de gorge et le rhume, pour combattre les infections virales, dont la grippe.

En revanche, le sureau hièble ou yèble (*Sambucus edulus*), aux propriétés vomitives prononcées, est très toxique.

• TAGÈTE •
(estragon du Mexique, œillet d'Inde, rose d'Inde)
Tagetes lucida

Famille : Astéracées   **Origine :** Mexique
Parties utilisées : feuilles, fleurs

La plante doit son nom à Tagès, dieu étrusque qui enseignait l'art divinatoire. Découverte au XVIIe siècle dans le Nouveau Monde, elle fut introduite dans le Sud de la France avant de se répandre partout en Europe sous le nom d'œillet d'Inde (puisque le Nouveau Monde a d'abord été connu comme les Indes occidentales).

On compte une soixantaine d'espèces annuelles ou vivaces de tagètes, mais toutes ne sont pas comestibles. Certaines peuvent même se révéler assez toxiques pour provoquer des démangeaisons.

Les fleurs des tagètes fournissent des teintures jaunes, orange et rousses, selon leur couleur.

Le tagète a un goût poivré et anisé proche de celui de l'estragon, d'où son nom « estragon du Mexique ».

Les jeunes pousses tendres sont employées comme l'estragon, ou encore comme substitut au safran en ce qui concerne les fleurs. Certains cultivars ont un goût d'agrume. En Argentine et au Chili, le tagète est un condiment utilisé pour relever le riz.

Les fleurs apportent des vitamines et des minéraux essentiels à l'organisme.

On lui attribue des propriétés pour guérir les maux d'estomac, les diarrhées, la toux et les nausées. En Afrique, la racine est utilisée pour combattre les maux de dents.

L'industrie alimentaire l'emploie pour ajouter de la saveur aux colas, aux alcools, aux desserts et aux sucreries.

Des études sont en cours sur les différentes propriétés des tagètes et leur utilisation.

• TAMARIN •

(tamarinier)
Tamarindus indica

Famille : Césalpinées   **Origine :** Afrique de l'Est
Parties utilisées : graines, cosses

D'Afrique, le tamarin fut exporté vers l'Inde avant de revenir au Moyen-Orient, puis de repartir vers les Indes occidentales et Hawaï au fil des explorations humaines. Très répandu dans les pays tropicaux, son nom vient de l'arabe *tamar hindi* (datte de l'Inde) ; le tamarin est le fruit du tamarinier, un arbre de 24 m à 30 m de haut, à croissance lente, qui peut vivre jusqu'à 150 ans et demeurer productif. Il a un port retombant comme le saule pleureur. Un arbre adulte peut produire jusqu'à 225 kg de fruits par an.

Le tamarin a la forme d'un gros haricot, à la peau veloutée et à la pulpe brun pourpre. Il est acide et on l'utilise comme condiment acidulé dans le colombo antillais. Le tamarin est souvent vendu en pâte pressée ou sous forme de bonbons épicés ou sucrés.

Le tamarin s'utilise frais, déshydraté, confit, en saumure, en jus, en pâte ou en sirop. Il sert d'aliment ou de condiment. On l'ajoute aux sauces, aux marinades, aux ragoûts, aux gâteaux et aux friandises. Il accompagne les viandes, le gibier et le poisson. Il accentue la saveur des fruits et entre dans la préparation de confitures, de chutneys et de boissons. Par ailleurs, le tamarin est un des ingrédients de la sauce Worcestershire.

On le vend sous différentes formes : gousses entières ou pulpe compacte (nature ou avec les graines), séchée, concentrée, etc.

Dans le Sud-Est asiatique et au Zimbabwe, les feuilles sont consommées en salade.

En Inde, les fleurs entrent aussi dans la composition des salades, tandis que les jeunes cosses vertes et aigres deviennent des légumes que l'on ajoute au riz, aux poissons, aux viandes.

Aux Bahamas, les cosses mûres sont grillées et servent même d'ersatz de café en Thaïlande. On peut également en faire de la farine.

Le tamarin est un laxatif doux, fébrifuge, carminatif, digestif, expectorant, bon pour le foie et les reins, et antiseptique.

Ne pas confondre avec le tamari, une sauce japonaise à base de fèves de soja.

• TANAISIE •

(barbotine, herbe aux vers, tanacée)
Tanacetum vulgare

Famille : Composées **Origine :** Europe
Partie utilisée : feuilles

Le latin *tanacetum* est dérivé du grec *athanatoia* (ou *thansa*) signifiant « immortalité », car la fleur vit longtemps. Selon le botaniste français Gaston Bonnier, le mot vient du grec *tanaos*, grand âge.

À l'époque des Tudor, en Angleterre, la tanaisie était placée dans les armoires pour chasser la vermine. Puis, aux XVIe et XVIIe siècles, les Anglais découvrirent que des infusions de tanaisie pouvaient fortifier l'organisme.

La tanaisie est l'une des plantes amères consommées pendant la pâque juive.

La tanaisie est surtout utilisée en Grande-Bretagne et dans les pays nordiques où on apprécie son amertume, avec les grosses volailles, les marinades de poisson, les œufs, les desserts, les crèmes, les gâteaux et les liqueurs. Elle sert principalement de condiment étant donné son goût prononcé.

La tanaisie est un vermifuge efficace et un bon remède contre les coliques. Attention, toutefois, à forte dose, elle peut se révéler toxique. Ne l'utilisez que comme condiment en très petite quantité.

• VACOUA •

(pandanus, pimpin, palmier à vis)
Pandanus tectorius

Famille : Pandanacées   **Origine :** Micronésie
Parties utilisées : fruits, feuilles

De tout temps, le vacoua a été une denrée alimentaire importante dans les îles micronésiennes.

Les fruits se dégustent frais ou en conserve. En Chine, les feuilles sont consommées cuites, comme des légumes.

Dans les îles Moluques et à Java, les fruits servent à fabriquer de la farine à pain (appelée «fara» en Polynésie française).

En Australie, la longue conservation des fruits en fait une denrée recherchée, tout comme dans les îles Marshall et Gilbert, car ils constituent alors une réserve importante de nourriture en cas de pénurie.

En Chine, on reconnaît aux fruits mûrs des vertus curatives contre la dysenterie. Quant aux fruits verts, ils sont reconnus comme abortifs.

D'autres arômes

En Inde, on en extrait une essence qui sert à parfumer l'huile capillaire, le savon et le tabac, mais également à épicer des mets, des friandises et des boissons.

Dans l'île de la Réunion, le vacoua se retrouve dans les préparations salées et sucrées. Là-bas, c'est le chou (partie tendre entre la fin du tronc de l'arbre et le début du feuillage, un peu comme le cœur de palmier) qui est le plus recherché. On le prépare en salade ou en curry. Des restaurateurs de Saint-Philippe de la Réunion ont remis le vacoua au goût du jour en le préparant en gratin et en confiture.

LES MÉLANGES

AFRAL (rizdor, spigol, faux safran)

Origine : France

L'afral est un substitut peu coûteux du safran. En fait, il s'agit d'un mélange d'épices : curcuma, souci, environ 1 % de safran et d'autres aromates.

CARI

Origine : Antilles et île de la Réunion

Le cari traditionnel comprend du gingembre, des clous de girofle, du curcuma, de la coriandre, du fenugrec, du poivre et des graines de moutarde.

CINQ-ÉPICES ou CINQ-PARFUMS

Origine : Asie

Il s'agit d'un mélange de badiane, de cannelle, de gingembre, de cardamome et d'anis.

Ce peut être aussi un mélange d'anis étoilé, de clous de girofle, de fenouil, de cannelle de Chine et de fagara (fruit séché du frêne épineux, ou poivre de Sichuan).

COLOMBO

Origine : Antilles

Ce mélange antillais aromatise tant les viandes que les poissons et les légumes. Il est composé des ingrédients suivants : curcuma, cumin, fenugrec, safran, ail, cive, thym, piment, coriandre, moutarde, anis, gingembre, poivre noir, clou de girofle, tamarin, et un féculent (souvent du riz grillé réduit en poudre).

CURRY

Origine : Inde

Il s'agit d'un mélange des ingrédients suivants : cannelle, clous de girofle, poivre noir, cumin, cardamome verte, coriandre, graines de fenouil, graines de fenugrec, feuilles de cari, riz grillé en poudre, noix de coco, oignon et ail.

GARAM MASALA

Origine: Inde

Il s'agit d'un mélange de cumin, de graines de coriandre, de cardamome, de poivre noir, de clous de girofle, de macis, de laurier et de cannelle.

HARISSA

Origine: Afrique du Nord

Il s'agit d'un mélange d'ail et de piments broyés.

HERBES DE PROVENCE

Origine: France (Provence)

Il s'agit d'un mélange de thym, de serpolet, de marjolaine, d'origan, de romarin, etc.

HERBES SALÉES DU QUÉBEC

Origine: Charlevoix (Québec)

Il s'agit d'un mélange de ciboulette, de sarriette, de persil, de carottes râpées, de feuilles de céleri, d'oignons émincés, d'eau et de gros sel.

QUATRE-ÉPICES

Origine : France

Il s'agit d'un mélange de poivre noir, de noix de muscade, de clous de girofle et de gingembre. On l'utilise pour la préparation des charcuteries.

RAS-EL-HANOUT

Origine : Afrique du Nord

Le ras-el-hanout est réputé pour être un mélange de quelque 50 épices. On y trouve, entre autres, des boutons de rose et de lavande séchés ainsi qu'un mélange d'épices diverses (cardamome, carvi, muscade, galanga, gingembre, poivre, cannelle, clous de girofle, gingembre, curcuma, piments forts et farine de riz, etc.).

SALADE DE LA MER

Origine : Bretagne (France)

Composée de trois algues marines, la dulse brune (*Palmaria palmata*), la laitue de mer verte (*Ulva lactuca*) et la nori pourpre (*Porphyra umbilicalis*), cette salade de la mer se vend en poudre et sert à relever une salade verte ou à aromatiser un riz aux crevettes.

SATÉ

Origine : Asie

Il s'agit d'un mélange de piments, d'ail, d'arachides, de sésame, de crevettes séchées, de sucre, de sel et d'huile.

SCHICHIMITOGARASHI

Origine : Japon

Il s'agit d'un mélange de poivre rouge, de feuilles de poivre japonais (frêne épineux), de graines de sésame, de moutarde noire, de colza, de graines de pavot et d'écorce de mandarine séchée. Il s'utilise souvent avec la sauce soya.

SEPT-ÉPICES

Origine : Japon

Il s'agit d'un mélange de sansho (sorte de poivre en poudre), d'algues, de piment, de zeste d'orange, de graines de pavot et de graines de sésame blanches et noires. On l'utilise pour parfumer les pâtes et les soupes.

TABASCO

Origine : Sud des États-Unis

Préparée avec des piments, cette préparation brûlante relève les cocktails aux tomates, les pizzas, les sauces froides.

TABEL

Origine : Afrique du Nord

Il s'agit d'un mélange de coriandre, de carvi, d'ail et de poivre rouge (felfel).

VADOUVAH

Origine : Inde

Il s'agit d'un mélange de cumin, de fenugrec, de curcuma, de feuilles de carvi, de graines de moutarde et d'oignons frits, amalgamés avec de l'huile.

INDEX DES RECETTES

Angélique confite, 70
Biscuit à l'aspérule odorante, 72
Bouillon de berce, 78
Compote de poires à l'acore, 69
Confiture de graines de grenade, 135
Crème-dessert au romarin, 56
Espadon à l'anis étoilé, 17
Flan de coco des Comores, 130
Langoustes créoles, 79
Moules à l'ache, 65
Moules à l'achillée millefeuille, 67
Œufs à l'achillée millefeuille, 67
Omelette à la bourrache, 82
Pâtés de vivaneau, 21
Poulet au cacao, 124
Poulet au carvi, 25
Poulet au fenouil, 89
Sauce au thym, 60
Soupe à l'ail, 107
Soupe à l'oignon, 117
Soupe de cynorhodons, 133
Soupe d'ortie, 95
Tapenade monégasque, 113
Têtes d'ail au four, 106
Tomates au basilic, 46
Trempette à l'aneth, 111
Vin d'angélique, 70
Vin de benoîte, 76

INDEX GÉNÉRAL

A

Absinthe, 63
Absinthe sauvage, *Voir* Armoise
Ache, 64
Ache de montagne, *Voir* Livèche
Ache des marais, *Voir* Céleri
Ache douce, *Voir* Ache, Céleri
Ache odorante, *Voir* Ache, Céleri
Achillée millefeuille, 66
Achiote, *Voir* Rocou
Acore, 68
Acore vrai, *Voir* Acore
Afral, 155
Agneau-chaste, *Voir* Gattilier
Ail, 105
Ail d'Espagne, 107
Ail des bois, *Voir* Ail des ours
Ail des ours, 108
Ail rouge des Provençaux, *Voir* Ail d'Espagne
Ail sauvage, *Voir* Ail des ours
Ajmud, 15
Ajowan, 15
Alecost, *Voir* Balsamite
Alliaire, 109
Alliaire officinale, *Voir* Alliaire
Alpinie, *Voir* Galanga
Aluine, *Voir* Absinthe
Amande de terre, *Voir* Souchet
Ammi des Indes, *Voir* Ajowan
Amone, *Voir* Cardamome
Aneth, 110
Aneth doux, *Voir* Fenouil
Aneth odorant, *Voir* Aneth
Angélique, 69
Angélique confite, *Voir* Angélique
Angélique sauvage, *Voir* Berce
Anis cultivé, *Voir* Anis vert
Anis de Chine, *Voir* Anis étoilé
Anis de l'Inde, *Voir* Ajowan
Anis de Sibérie, *Voir* Anis étoilé
Anis des Vosges, *Voir* Carvi
Anis doux, *Voir* Fenouil
Anis étoilé, 16
Anis vert, 18
Ansérine, *Voir* Épazote
Arbre aux fées, *Voir* Sureau noir
Arbre du Chili, *Voir* Boldo
Archangélique, *Voir* Angélique, Ortie
Armoise, 71
Armoise citronnelle, *Voir* Aurone
Arquebuse, *Voir* Aurone
Arrow-root, 121
Arugula, *Voir* Roquette
Asa foetida, 19
Asaret, 122
Ase fétide, *Voir* Asa foetida
Aspérule odorante, 72
Aurone, 73
Avence, *Voir* Benoîte

B

Baie de Judas, *Voir* Cynorhodon
Baie rose, *Voir* Baie rose de Bourbon
Baie rose de Bourbon, 20

Balicot, *Voir* Basilic
Balsamite, 74
Bambou comestible, 122
Barbarée commune, 75
Barbotine, *Voir* Tanaisie
Basilic, 45
Basilic chinois, *Voir* Shiso
Bâton d'eau de mer, *Voir* Salicorne
Baume-coq, *Voir* Balsamite
Baume d'abeilles, *Voir* Monarde
Benoîte, 76
Berce, 77
Berce branc-ursine, *Voir* Berce
Berce spondyle, *Voir* Berce
Bergamote, *Voir* Monarde
Bergamotier, *Voir* Bigarade
Bigarade, 111
Bigarde, *Voir* Bigarade
Bissap, *Voir* Hibiscus
Bois d'anis, 21
Bois d'Inde, 78
Boldo, 80
Bon-henri, 81
Borrache officinal, *Voir* Bourrache
Boucage, *Voir* Anis vert
Bourrache, 81
Bourroche, *Voir* Bourrache

C

Cabaret, *Voir* Asaret
Cacao, 123
Cade, 125
Cadenelle, *Voir* Cade
Cadier, *Voir* Cade
Café de Chine, *Voir* Baie rose de Bourbon
Calament, *Voir* Basilic
Calendule, *Voir* Souci
Caloupilé, *Voir* Feuille de cari
Caméléon, *Voir* Plante caméléon
Canéfice, *Voir* Cannelle
Canne aromatique, *Voir* Acore
Cannelle, 22
Capotte, *Voir* Câpre
Câpre, 112
Capucine, 83
Carcadé, *Voir* Hibiscus

Cardamome, 28
Cardamome du Népal, *Voir* Cardamome
Cardamome noire, *Voir* Cardamome
Cari, 155
Caroube, 126
Carouge, *Voir* Caroube
Carripoulé, *Voir* Feuille de cari
Carthame, 127
Carvi, 24, *Voir* Ajmud
Casse, *Voir* Cannelle
Cédrat, 127
Ceinture de saint Jean, *Voir* Armoise
Céleri, 84
Céleri des marais, *Voir* Ache
Céleri odorant, *Voir* Ache
Céleri perpétuel, *Voir* Livèche
Céleri sauvage, *Voir* Ache
Cerfeuil chinois, *Voir* Coriandre
Cerfeuil commun, 47
Cerisier de Sainte-Lucie, *Voir* Cerisier mahaleb
Cerisier mahaleb, 25
Chénopode, *Voir* Bon-henri
Chénopode fausse-ambroisie, *Voir* Épazote
Cheveux de Vénus, *Voir* Nigelle
Chicorée, 128
Chili, 26
Chocolat, *Voir* Cacao
Chufa, *Voir* Souchet
Ciboule, 48
Ciboulette, 48
Ciboulette des ours, *Voir* Ail des ours
Cinq-épices, 156
Cinq-parfums, 156
Citron, 129
Citronnelle, 84
Citronnelle garde-robe, *Voir* Aurone
Citronnier, *Voir* Bigarade
Cive, *Voir* Ciboule
Civette, *Voir* Ciboulette
Clou de girofle, 27
Coco, *Voir* Noix de coco
Coillouin, *Voir* Gingembre

Colombo, 156
Combava, 131
Consoude officinale, 85
Corbier, *Voir* Cornouiller mâle
Coriandre, 49
Cormier, *Voir* Cornouiller mâle
Cornichon, 114
Cornichon de mer, *Voir* Salicorne
Cornier, *Voir* Cornouiller mâle
Cornouille, *Voir* Cornouiller mâle
Cornouiller mâle, 131
Coucou, *Voir* Primevère
Courgellem, *Voir* Cornouiller mâle
Cran de Bretagne, *Voir* Raifort
Cranson, *Voir* Raifort
Crâsse récène, *Voir* Consoude officinale
Cresson d'Inde, *Voir* Capucine
Cresson de terre, *Voir* Barbarée commune
Cresson du Mexique, *Voir* Capucine
Cresson du Pérou, *Voir* Capucine
Criste-marine, *Voir* Salicorne
Cubèbe, 28
Cubèche, *Voir* Cubèbe
Cumin, 28
Cumin des prés, *Voir* Ajmud, Carvi
Cumin du Maroc, *Voir* Cumin
Cumin noir, *Voir* Nigelle
Curcuma, 29
Curry, 156
Cynorhodon, 132

D
Dictame, *Voir* Origan
Dill, *Voir* Aneth
Dormeuse, *Voir* Arrow-root
Doste, *Voir* Origan

E
Échalote, 114
Échalote d'Espagne, *Voir* Ail d'Espagne
Échalote de Jersey, *Voir* Échalote
Échalote française, *Voir* Échalote
Échalote grise, *Voir* Échalote
Échalote tête-de-veau, *Voir* Échalote
Embèbe, *Voir* Cubèbe
Encens, *Voir* Baie rose de Bourbon
Encensier, *Voir* Romarin
Épazote, 86
Épinard sauvage, *Voir* Bon-henri
Épine aigrette, *Voir* Épine-vinette
Épine-crête, *Voir* Épine-vinette
Épine-vinette, 87
Estragon, 50
Estragon du Mexique, *Voir* Tagète
Étoile du gourmet, *Voir* Anis étoilé

F
Fagara, 30
Farigoule, *Voir* Serpolet
Fausse acanthe, *Voir* Berce
Faux anis, *Voir* Anis étoilé, Cumin
Faux gingembre, *Voir* Arrow-root
Faux merisier, *Voir* Cerisier mahaleb
Faux poivre, *Voir* Baie rose de Bourbon
Faux safran, *Voir* Afral, Carthame
Fécule d'arrow-root, *Voir* Arrow-root
Fécule de maranta, *Voir* Arrow-root
Fenouil, 88
Fenouil bâtard, *Voir* Aneth
Fenouil de Chine, *Voir* Anis étoilé
Fenouil de mer, *Voir* Salicorne
Fenugrec, 31
Férule persique, *Voir* Asa foetida
Feuille de bible, *Voir* Balsamite
Feuille de cari, 51
Feuille de curry, *Voir* Feuille de cari

Fève de Pythagore, *Voir* Caroube
Figuier d'Égypte, *Voir* Caroube
Fleur d'amour, *Voir* Capucine
Fleur de muscade, *Voir* Macis
Fleur de santé, *Voir* Safran
Fleur sanguine, *Voir* Capucine
Fortunelle japonica, *Voir* Kumquat
Fortunelle margarita, *Voir* Kumquat
Fruit de l'églantier, *Voir* Cynorhodon

G
Gaingal, *Voir* Galanga
Galanga, 32
Galanga camphré, *Voir* Kenkur
Galangal, *Voir* Kenkur
Galange, *Voir* Galanga
Galangue, *Voir* Galanga
Galiote, *Voir* Benoîte
Garam masala, 157
Gargon, *Voir* Estragon
Garingal, *Voir* Galanga
Gattilier, 134
Gaya à tige simple, *Voir* Livèche
Génépi, *Voir* Absinthe
Genévrier, *Voir* Genièvre
Genévrier cade, *Voir* Cade
Genièvre, 33
Gingembre, 34
Girofle, *Voir* Clou de girofle
Graine de paradis, *Voir* Maniguette
Graine de perroquet, *Voir* Carthame
Graine de Sélim, 35
Grand origan, *Voir* Marjolaine
Grande ache, *Voir* Céleri
Grande consoude, *Voir* Consoude officinale
Gratte-cul, *Voir* Cynorhodon
Grelot, *Voir* Ail d'Espagne
Grenade, 134
Grenadier, *Voir* Grenade
Gymnotheca, *Voir* Plante caméléon

H
Haricot de mer, *Voir* Salicorne
Harissa, 157
Haut bois, *Voir* Sureau noir
Herbe à concombre, *Voir* Bourrache
Herbe à dindes, *Voir* Achillée millefeuille
Herbe à l'ail, *Voir* Alliaire
Herbe à la belle-fille, *Voir* Rue
Herbe à la coupure, *Voir* Consoude officinale
Herbe à Maggi, *Voir* Livèche
Herbe à sucre, *Voir* Stévia
Herbe aux anges, *Voir* Angélique
Herbe aux cent goûts, *Voir* Armoise
Herbe aux charpentiers, *Voir* Achillée millefeuille
Herbe aux coupures, *Voir* Achillée millefeuille
Herbe aux couronnes, *Voir* Romarin
Herbe aux étoiles, *Voir* Aspérule odorante
Herbe aux vers, *Voir* Tanaisie
Herbe bénie, *Voir* Benoîte
Herbe de grâce, *Voir* Rue
Herbe de Joseph, *Voir* Hysope
Herbe de la Saint-Jean, *Voir* Armoise
Herbe de Saint-Benoît, *Voir* Benoîte
Herbe de Saint-Julien, *Voir* Sarriette
Herbe de Sainte-Barbe, *Voir* Barbarée commune
Herbe des guerriers, *Voir* Achillée millefeuille
Herbe dragon, *Voir* Estragon
Herbe du bon soldat, *Voir* Benoîte
Herbe du diable, *Voir* Berce
Herbe royale, *Voir* Basilic
Herbe sacrée, *Voir* Sauge
Herbe sainte, *Voir* Absinthe
Herbes de Provence, 157
Herbes salées du Québec,
Hibiscus, 136

Houttuynie panachée, *Voir* Plante caméléon
Hysope, 89

I
Immortelle d'Italie, 90

J
Jonc odorant, *Voir* Acore

K
Kenkur, 136
Kha, *Voir* Kenkur
Kili, *Voir* Graine de Sélim
Kumquat, 137

L
Lamier, *Voir* Ortie
Langue de bœuf, *Voir* Bourrache
Langue-des-vaches, *Voir* Consoude officinale
Laurier, 52
Laurier d'Apollon, *Voir* Laurier
Laurier des Indes, *Voir* Cannelle
Laurier des Iroquois, *Voir* Sassafras
Laurier franc, *Voir* Laurier
Laurier noble, *Voir* Laurier
Laurier sauce, *Voir* Laurier
Lavande, 91
Lavande femelle, *Voir* Lavande
Lavande vraie, *Voir* Lavande
Lemon grass, *Voir* Citronnelle
Lime, *Voir* Citron
Limette acide, *Voir* Bigarade
Limettier hérissé, *Voir* Combava
Livèche, 92
Lovage, *Voir* Ajowan

M
Macis, 35
Malaguette, *Voir* Maniguette
Mangue, 138
Manguier, *Voir* Mangue
Maniguette, 36
Marachemin, *Voir* Ortie
Maranta, 121
Marazolette, *Voir* Origan
Marjolaine, 53

Marjolaine sauvage, *Voir* Origan
Mélasse du pauvre, *Voir* Ail
Mélisse, *Voir* Citronnelle
Menthe coq, *Voir* Balsamite
Menthe de Notre-Dame, *Voir* Balsamite
Merde du diable, *Voir* Asa foetida
Mignonette, *Voir* Poivre
Monarde, 93
Moutarde, 115
Moutarde allemande, *Voir* Raifort
Moutarde des capucins, *Voir* Raifort
Moutardelle, *Voir* Raifort
Muscade, 37
Myrte, 93

N
Nielle, *Voir* Nigelle
Nigelle, 38
Noix de banda, *Voir* Muscade
Noix de coco, 130
Noix de muscade, *Voir* Muscade
Non-pareille, *Voir* Câpre
Notre-Dame de l'oubli, *Voir* Absinthe

O
Œillet d'Inde, *Voir* Tagète
Œillette bleue, *Voir* Pavot
Oignon, 116
Oignon blanc, *Voir* Oignon
Oignon commun, *Voir* Oignon
Oignon d'Égypte, *Voir* Ail d'Espagne
Oignon d'hiver, *Voir* Ciboule
Oignon espagnol, *Voir* Oignon
Oignon japonais, *Voir* Ciboule
Oignon jaune, *Voir* Oignon
Oignon rouge, *Voir* Oignon
Orange amère, 111
Orange de Séville, *Voir* Bigarade
Orange sauvage, *Voir* Bigarade
Oranger des savetiers, *Voir* Basilic
Oreille d'homme, *Voir* Asaret

Oreilles d'ânes, *Voir* Consoude officinale
Origan, 53
Ortie, 94
Ortie brûlante, *Voir* Ortie
Ortie méchante, *Voir* Ortie
Oseille, 96
Oseille de Guinée, *Voir* Hibiscus
Oseille de Tours, *Voir* Bon-henri
Oseille des bois, *Voir* Épine-vinette
Oxalide, 139
Oxalis, 139
Oxalis cornu, *Voir* Oxalide
Oxyacantha, *Voir* Épine-vinette

P

Pain de poulet, *Voir* Ortie
Pain de saint Jean-Baptiste, *Voir* Caroube
Pain des abeilles, *Voir* Bourrache
Pain des oiseaux, *Voir* Oxalide
Palmier à vis, *Voir* Vacoua
Pandanus, *Voir* Vacoua
Paprika, 39
Patience, *Voir* Oseille
Patte d'ours, *Voir* Berce
Pavot, 39
Pavot somnifère, *Voir* Pavot
Péganium, *Voir* Rue
Penevoué, *Voir* Origan
Perce-pierre, *Voir* Salicorne
Pérille, *Voir* Shiso
Persicaire brûlante, *Voir* Renouée
Persil, 54
Persil arabe, *Voir* Coriandre
Persil frisé, *Voir* Persil
Persil plat, *Voir* Persil
Pesse jaune, *Voir* Salicorne
Petit muguet, *Voir* Aspérule odorante
Petite oseille, *Voir* Oxalide
Petite pimprenelle, 97
Pied d'âne, *Voir* Alliaire
Pied de lapin, *Voir* Arrow-root
Pied de poulet, *Voir* Pourpier
Pili-pili, *Voir* Chili

Piment aquatique, *Voir* Renouée
Piment de Cayenne, 26
Piment de la Jamaïque, 40
Piment des Anglais, *Voir* Myrte
Piment enragé, *Voir* Chili
Piment fort, *Voir* Chili
Piment long, *Voir* Poivre
Piment noir de Guinée, *Voir* Graine de Sélim
Piment oiseau, *Voir* Chili
Pimpin, *Voir* Vacoua
Piper cuba, *Voir* Cubèbe
Pique langue, *Voir* Renouée
Pistou, *Voir* Basilic
Plante caméléon, 97
Plante curry, *Voir* Immortelle d'Italie
Poivre, 41
Poivre à queue, *Voir* Cubèbe
Poivre aromatique, *Voir* Piment de la Jamaïque
Poivre d'Amérique, *Voir* Baie rose de Bourbon
Poivre d'eau, *Voir* Renouée
Poivre d'Espagne, *Voir* Paprika
Poivre de Guinée, *Voir* Maniguette
Poivre de Java, *Voir* Cubèbe
Poivre des moines, *Voir* Gattilier
Poivre du Kissi, *Voir* Cubèbe
Poivre du Pérou, *Voir* Capucine
Poivre du Sénégal, *Voir* Graine de Sélim
Poivre du Sichuan, *Voir* Fagara
Poivre giroflée, *Voir* Piment de la Jamaïque
Poivre marron, *Voir* Baie rose de Bourbon
Poivre rouge, *Voir* Chili
Poivre sauvage, *Voir* Gattilier
Poivre tomate, *Voir* Paprika
Poivrette, *Voir* Nigelle, Sarriette
Pomme grenade, *Voir* Grenade
Poncire commun, *Voir* Citron
Poudre de Filé, *Voir* Sassafras
Poudre de sereh, *Voir* Citronnelle
Pourpier, 99

Pourpier potager, *Voir* Pourpier
Primevère, 100
Punaise mâle, *Voir* Coriandre

Q

Quatre-épices, 158
Queue de pourceau, *Voir* Fenouil

R

Racine à sucre, *Voir* Ajmud, Carvi
Raifort, 117
Raifort du Japon, *Voir* Wasabi
Raifort vert, *Voir* Wasabi
Ras-el-hanout, 158
Ravensare anisé, *Voir* Bois d'anis
Réglisse, 140
Reine de Saint-Esprit, *Voir* Angélique
Reine des bois, *Voir* Aspérule odorante
Renouée, 100
Rhubarbe des Indiens, *Voir* Berce
Rizdor, *Voir* Afral
Rocambole, *Voir* Ail d'Espagne
Rocou, 141
Romarin, 55
Romarin des troubadours, *Voir* Romarin
Rondelle, *Voir* Asaret
Roquette, 101
Roquette des marais, *Voir* Barbarée commune
Rose d'Inde, *Voir* Tagète
Rose des haies, *Voir* Cynorhodon
Rose du chien, *Voir* Cynorhodon
Rose marine, *Voir* Romarin
Rose puante, *Voir* Ail
Rose sauvage, *Voir* Cynorhodon
Rose trémière des montagnes, *Voir* Wasabi
Roseau aromatique, *Voir* Acore
Roselle, *Voir* Hibiscus
Rue, 102
Rue fétide, *Voir* Rue

S

Sadrée, *Voir* Sarriette
Safran, 42
Safran bambou, *Voir* Curcuma
Safran bâtard, *Voir* Curcuma
Safran cooli, *Voir* Curcuma
Safran des Indes, *Voir* Curcuma
Safran des prés, *Voir* Carthame
Safran des teinturiers, *Voir* Carthame
Safran du pauvre, *Voir* Souci
Safran mexicain, *Voir* Carthame
Saigne-nez, *Voir* Achillée millefeuille
Salade de la mer, 158
Salicorne, 142
Sambuc, *Voir* Sureau noir
Sanguisorbe, *Voir* Petite pimprenelle
Sanicle des montagnes, *Voir* Benoîte
Sanve, *Voir* Moutarde
Sarriette, 57
Sarron, *Voir* Bon-henri
Sassafras, 143
Saté, 159
Sauge, 58
Schichimitogarashi, 159
Sénégré, *Voir* Fenugrec
Sénévé, *Voir* Moutarde
Sept-épices, 159
Serpentine, *Voir* Estragon
Serpolet, 59
Sésame, 144
Shiso, 145
Soja, 146
Souchet, 146
Souchet de Babylone, *Voir* Curcuma
Souchet de Malabar, *Voir* Curcuma
Souchet long, *Voir* Galanga
Souchet odorant, *Voir* Galanga
Souchet sucré, *Voir* Souchet
Souchet sultan, *Voir* Souchet
Souchet tubéreux, *Voir* Souchet
Souci, 106

Souci de Vénus, *Voir* Achillée millefeuille
Soya, *Voir* Soja
Spigol, *Voir* Afral
Stévia, 147
Sumac, 148
Sumac des corroyeurs, *Voir* Sumac
Sureau noir, 149
Surelle, *Voir* Oseille
Surette corniculée, *Voir* Oxalide
Susier, *Voir* Sureau noir

T
Tabasco, 159
Tabel, 160
Tagète, 150
Tamarin, 151
Tamarinier, *Voir* Tamarin
Tanacée, *Voir* Tanaisie
Tanaisie, 152
Tanaisie balsamite, *Voir* Balsamite
Tarragon, *Voir* Estragon
Teinture jaune, *Voir* Carthame
Thé d'Oswego, *Voir* Monarde
Thé de Grèce, *Voir* Sauge
Thé de Pennsylvanie, *Voir* Monarde
Thé de Provence, *Voir* Sauge
Thé des bois, *Voir* Aspérule odorante
Thé du Mexique, *Voir* Épazote
Thé rose d'Abyssinie, *Voir* Hibiscus
Thé suisse, *Voir* Aspérule odorante
Thériaque des pauvres, *Voir* Ail
Thériaque des paysans, *Voir* Ail
Thym, 60
Thym du berger, *Voir* Origan
Thym sauvage, *Voir* Serpolet
Till, *Voir* Sésame
Toute-bonne, *Voir* Bon-henri
Toute-épice, 40
Trigonelle, *Voir* Fenugrec
Tumeric, *Voir* Curcuma

V
Vacoua, 153
Vadouvah, 160
Vanille, 43
Verveine des Indes, *Voir* Citronnelle
Vinaigrier, *Voir* Sumac
Vinette, *Voir* Oseille
Vinettier, *Voir* Épine-vinette

W
Wasabi, 118

POUR EN SAVOIR PLUS

SITES INTERNET

Absinthe
http://arthemisia.free.fr

Académie des poivres
www.academiedespoivres.com

Aroma du Québec
www.aromaduquebec.com

Fleurs comestibles
www2.ville.montreal.qc.ca/jardin/info_verte/
feuillet_fleurs_comes/tableau.htm

Guide des aliments: herbes, épices et condiments
www.servicevie.com/01Alimentation/GuideAliment/
GAf_TH/TH11.html

Le dico des épices
http://ledicodesepices.info

Musée de la lavande
www.ardechelavandes.com/historique.htm

Musée du safran
www.coeur-de-france.com/safran.html

Persil, sauge et romarin
http://pages.infinit.net/belber/home.htm

Plantes comestibles
www.plantes-comestibles.com

Saveurs du monde : les épices
www.saveurs.sympatico.ca/ency_2/2mscomm.htm

Soja, trésor de vie
http://museum.agropolis.fr/pages/savoirs/soja/soja.htm

Souci
www.eap.mcgill.ca/AgroBio/ab350-06.htm

Stévia
www.reseauproteus.net/1001solutions/s/stevia.htm
http://res2.agr.ca/london/faq/stevia_f.htm
(Étude canadienne sur le stévia)

Toil'd'épices
http://toildepices.free.fr

OUVRAGES CONSULTÉS

Encyclopédie des herbes et épices, Sélection du Reader's Digest, 1re édition, 1993.

Le guide du jardinier, plantes aromatiques, Cologne, Könemann, 1999.

PEDNEAULT, André et Régine TREMBLAY. *Les fines herbes au jardin*, Spécialités Terre à Terre inc., Montréal.

McHOY, Peter et Pamela WESTLAND. *La bible des herbes*, Cologne, Könemann, 1997.

TRÉBEN, Maria. *Ces plantes qui guérissent*, Monaco, Éditions Du Rocher, 1987.